『検証・司法制度改革 I、II』その後

自分史的記述を兼ねて

萩原金美 著

中央大学出版部

はしがき

　本書は司法制度改革に関する私の最近の論考を一本にまとめたものである。その内実は「論文もどき」の集積というべき雑文集であるが，司法制度改革に関心を有する人々にとって多少なりとも有意義なものでありうることを願っている。また，異常なまでに自分史的ないし自己言及的記述が過剰であるけれど，これも単なる自己満足にとどまらず，少なくとも間接的には裁判法の学習・研究上役立つのではないかと自惚れている。

　初出一覧に記したように，半分は既発表，半分は書き下ろしのものである。**第 4，第 5** についてこんなものは公表に値しないという批判があることを覚悟している。それを承知しながらあえて本書を上梓するのは，己が恥部を曝け出すことによって自分の学問，ものの考え方をヨリ良くご理解いただきたいからである。法律学とくに裁判法学は広義では人間学なのであり，論者の人間と不即不離の関係にあると私は愚考している（小林直樹『法の人間学的考察』（2003，岩波書店）など参照）。今や 86 歳（執筆時）の身には恥曝しを恐れるよりも司法制度改革に関する私見をヨリ良くご理解いただくことのほうが遥かに大切である。

　なお，この意味で本書に先立って刊行される拙著『北欧法律事情——中年元裁判官のスウェーデン等留学記』（中央大学出版部）も併せてお読みいただければ幸いである。

　本書の原稿については，例によって畏友横井忠夫氏から懇切丁寧を極めるご教示を賜った。ここに記して心からの謝意を表する。

また，中央大学出版部の方々には本書作成の全工程において周到なご配慮をいただいた。厚くお礼申し上げる。

　2017年4月初旬　横浜の茅屋にて

萩 原 金 美

初 出 一 覧

第1 「残響『検証・司法制度改革 Ⅱ 裁判員裁判・関連して死刑存廃論を中心に』」 神奈川ロージャーナル9号（2016）
実は同号における表題は誤っており，上記が正しい。お詫びして訂正する。

第2 「残響の残響？と落穂拾いなど」 書き下ろし ただし，その主要部分は神奈川ロージャーナル10号（2017年現在未刊行）に掲載予定。本書は疑いもなく私の遺著となるので，このような異例の措置についてご寛恕を乞う。

第3 「わが研究――回顧と展望？」 神奈川大学法学部50周年記念論文集（2016，学校法人神奈川大学）

第4 「わがピースボート最後の船上日誌（別名「船上冗漫徒然草」）――裁判員（候補者）のための反面教師でもありうることを願いつつ」 書き下ろし

第5 「第4への長過ぎる補記――もう一つの船上日誌」 書き下ろし

第6 「パンドラの箱を開けて良いのか？――自衛隊と憲法9条の改廃問題に関する私見」神奈川ロージャーナル9号（2016）

　　本稿は10年以上前に一応外部に発表したもので，注記について若干の補筆を試みたけれど，本文はなるべく原文通りとした。

　「初出…頁」とは，上記の初出文献の頁を意味する。また，原則として『検証・司法制度改革 Ⅰ 法科大学院・法曹養成

制度を中心に』は『検証 I』,『検証・司法制度改革 II 裁判員裁判・関連して死刑存廃論を中心に』は『検証 II』と略記する。後者は前後関係に応じて単に拙著と表示することもある。

目　　次

はしがき

初出一覧

第1　残響『検証・司法制度改革 II　裁判員裁判・関連して死刑存廃論を中心に』……………………………… 1
 1. はじめに　1
 2. 「論文もどき」というスタイルについて　3
 3. 頂戴した著書・論文等について　9
 4. それ以外の最近の読書体験から　25
 5. 小幡清剛『障害者の〈生〉――法・福祉・差別の人間存在学』（2016, 萌書房）について　34
 6. 行政学者の法科大学院論――新藤宗幸「揺らぐ法科大学院　責任はどこに？」『UP』523号（2016年5号）について　38
 7. おわりに　42
　　附　記　その①，②　50
　　『検証 II』の誤記訂正について　52

第2　残響の残響？と落穂拾いなど ……………………………… 53

　1．残響の残響？　53

　2．落穂拾いなど　56

　　　①〜㉒　57

　　　補　記　その①〜⑤　90

　「結び」に代えて　94

第3　わが研究
　　　――回顧と展望？――　………………………………… 97

　1．はじめに――執筆の方針　97

　第1　回顧の部

　2．スウェーデン等への留学――ストックホルム大学のDiploma of Comparative Law/International Lawコース
　　　その他　99

　3．判例タイムズ（誌・社）との関わり　101

　4．コンビニ「セブン-イレブン」のライセンス契約への関与，畏友故的場武治弁護士の思い出　103

　5．神奈川大学教員としての在外研究と国内研究　109

　6．「湘南民事紛争処理研究会」とともに　114

　7．定年退職後現在に至るまで――スウェーデン法三部作への取り組みと司法制度改革の検証　115

　第2　展望？の部

　8．展望？　117

　9．おわりに　118

　　　附説　書くべきか，書かざるべきか？　127

第4 わがピースボート最後の船上日誌（別名「船上冗漫徒然草」）
　　　──裁判員（候補者）のための反面教師でもありうる
　　　　ことを願いつつ── ……………………………… 133

　1．はじめに　135
　2．車谷氏と私との若干の共通・類似点について　140
　3．やや一般論的な記述　141
　4．日付順に即した記述　145
　5．おわりに　172
　　附　記　173
　　補　記　174

第5 第4への長過ぎる補記
　　　──もう一つの船上日誌── ……………………………… 175

　はじめに　175
　　附　記　211

第6 パンドラの箱を開けて良いのか？
　　　── 自衛隊と憲法9条の改廃問題に関する私見──
　　　　　　　　　　　　　　　　　　　……………………………… 213

　Ⅰ．はじめに──結論の提示など　216
　Ⅱ．「軍隊もどき」としての自衛隊　220
　Ⅲ．常識的バランス論，損得論からみた9条の改廃　229
　Ⅳ．日本の選択──「ふつうの国」論そして領土問題　237
　Ⅴ．結び──軍隊から「軍隊もどき」へ向かって　241
　　後　記　245

跋 ……………………………………………………………………… 246

　　補　記　　248

　　更なる補記　　248

『スウェーデン法律用語辞典』(2007，中央大学出版部) 等
　の訂正について……………………………………………………… 250

第1

残響『検証・司法制度改革 II 裁判員裁判・関連して死刑存廃論を中心に』

1. はじめに

　本年（2016年）3月，『検証・司法制度改革 II 裁判員裁判・関連して死刑存廃論を中心に』（以下，単に拙著または『検証 II』と略称）を上梓することができた。その刊行日は奇しくも私の85歳（執筆時）の誕生日であった。同書はその「跋」にも記したように，半呆け老人の「論文もどき」の文集と称すべきものであり，おそらく私の遺著になる可能性が高い著作である。しかし，私としてはこれで，論文もどきを書くこと，言い換えれば研究者もどきの生活を終わりにしたくない。裁判法学という学問の戦場の一老兵としてその一隅を死守したいのである——平和主義者としては表現が不適切か？（拙稿「わが研究——回顧と展望？——」『神奈川大学法学部50周年記念論文集』所収，本書118頁参照）。それに他に大した趣味・道楽もない私としては，この仕事以外に適切な消閑の方策を知らないのである。

　私にはもはや通常の意味における論文を書く能力がないことは

これまでも繰り返し告白したところである。「論文もどき」と形容せざるを得ないゆえんである。しかし，開き直りととられるかも知れないが，私はこの論文もどきを書くことに一種の自負さえ覚えているのである。法律家とくに法曹の優れたエッセイは例えば『法曹』誌上で毎号のようにお目にかかることができる。それらに伍して読者が読むに値するエッセイを書くことは容易ではない[1]。論文もどきとしてであれば，まともな著書・論文の間隙を衝いて多少は意味のあることを書けるのではないか，とも愚考するのである[1-a]。

（本稿を郵送しようとしている今朝の新聞（東京新聞 2016 年 7 月 18 日（月）朝刊）27 面の宮子あずさ「本音のコラム　成長の果実」から注目すべき言葉が目に飛び込んできた。「私は看護師という仕事柄，老いや病気で人が衰える過程をたくさん見てきた。人間は盛りを過ぎてからが正念場，そんな感覚がある。」たしかに「人間は盛りを過ぎてからが正念場。」というのは，心を励まされる素晴らしい言葉だ。）

拙著を献呈した方々からは予想外に多数のお礼状を頂戴した。その中には私が考え及ばなかった思考を示唆・触発してくれたものが少なからずあった。また，お礼状とともにご自分の著書・論文をお送りくださった方もかなりの数に達する。まことに有り難いことである。自分自身の頭の整理のために，本稿ではそれらを中心に若干の思考を展開してみたいと思う。また，最近の読書体験から得た裁判法の研究上有意義と思われる事柄についても言及することにする。なお，最後の **6** はもっぱら『検証・司法制度改

革 I 法科大学院・法曹養成制度を中心に』(以下,同書は『検証 I』と略称する)のテーマに関するが,ことの重大性・緊急性にかんがみ一言言及する必要を感ずるので本稿に書き加えておきたい。

2.「論文もどき」というスタイルについて

畏友 A 氏(以下,言及する人を順次 ABC 順で表示する。その人の氏名の頭文字などとは無関係である)からは,内容的には積極的な評価をいただきながらも「ただ,高齢,老化,半呆けという類の断り書きが多すぎます(お気持ちは同年輩としてよく分かるのですが)。それでいて,書きたいことは書いておられるのですから。」というお叱りの言葉を頂戴した(氏は「苦言」といわれる)。

反論の余地のないご指摘だとは思う。ただ,私としては自分の気持ちをなるべく率直に表現すると,どうしても「半呆け」というような言葉を多用することにならざるを得ないのである。少なくとも後期高齢者の段階に達すると,一般的な老化はそれとして精神と肉体の状況はもう各人各様でかなりの差異があるように思われる。例えば,ほぼ同年輩の民事訴訟法学の泰斗新堂幸司氏は現役弁護士として大活躍をしておられる。A 氏も記憶力の劣化など私ほどには進行していないのではあるまいか[2]。

ところで,拙稿のスタイルに好意的と理解されるお手紙の中で,実に思考刺激的な二つのご意見に注目させられた。

一つは「わが国の本格的な司法ジャーナリズムの世界を切り開いているとの感動を覚えつつある」という評価である。もちろん過褒の言であるが,拙著がそれに少しでも役立っているとすれば

望外の喜びである。司法ジャーナリズムの重要性は私もかねて切言しているところであり（例えば『検証Ⅰ』10頁参照），法曹人口の飛躍的増大に伴い法曹の資格，経験を有するチャレンジングな若者がこの方面に進むことを鶴首して待ちたいと思う。この関係で注目に値するのは「法律探偵」と自称する川上英一弁護士（神奈川県弁護士会――本年（2016年）4月から「横浜弁護士会」から「神奈川県弁護士会」に会名変更）の著作である。

頂戴した小冊子は『川上英一法律探偵（商願 2007-33249）「競争試験定員社会事件」』と題されている。取り扱っているのは弁護士人口問題であり，詳細な調査の結果として，日本の弁護士人口はフランス並みの弁護士数に達するまで足りないと結論するが，その理由づけには随所に氏の創見がきらめいている。氏は東大教養学部教養学科の出身で，キャリア官僚をしながら独学で司法試験に合格した抜群の秀才かつ異能の人である（『検証Ⅱ』206-207頁参照）。ここに本格的な司法ジャーナリズムの新たな一つの進路が示されていると思う。川上氏の後を継いで，優れた法律探偵が一人でも多く出現することをこの国の未来のために願わざるを得ない。なお，この「法律探偵（商願 2007-33249）」というのは実際に特許庁に商標登録したものと聞く。官僚時代の先達で旧経済企画庁次官等を務めた人が退職後，友人の特許庁長官に頼んで「景気探偵」という商標登録をした例に倣って特許庁を説得して法律探偵の商標登録を実現したとのことである。（この小冊子は，図らずも **6** の新藤氏の論考に対する極めて適切な反論を提供するものでもある。）

もう一つは，司法問題に関する研究で注目される法社会学者Ｂ

氏からのもので，意外にも私のスタイルに肯定的な評価をしてくださっており，大変嬉しかった（もっとも，それに過度に甘えてはいけないと自戒してはいるが）。「謙遜されて……〔いる〕が，学術的意義も十分あるものと感じます。杓子定規な従来の法律論文の枠組からは外れるかもしれませんが，法社会学の目からすれば十二分に学術論文と言えるように思います。」と実に温かい励ましの言葉に満ちていた。

さらに加えて，有り難すぎる評価だが，同時に悲しい知らせを含むお手紙を紹介させていただきたい。Ｃ氏は裁判員制度について私とはまさに対蹠的立場にある方だが，私はかねてその人格と学問的業績に多大の敬意を抱いている。その人が図らずも「先生は裁判法の分野では我が国の宝ともいうべき人」と過褒の極みの表現をしてくださったのだ。いかに自惚れの強い私でもにわかに信じがたい思いで読んだが，現在「体調が思わしからず，この手紙もやっとの思いで書いております。」とある。手紙も1枚だけの簡単なものである。昨年大手術をされたものの，その後に立派な著書を上梓しておられるので，手術は成功しもはや快癒したものと信じていたが，やはり予後が思わしくないのだろうか。「運命はどうして時に『善きこと，正しきこと』に献身する人に過酷なのだろうか。私のような凡愚の俗物には結構平穏な晩年の日々を恵んでくれているのに。」（拙著292頁）これは神戸の少年Ａの事件の担当裁判官だった井垣康弘氏に関連して私が抱いた思いだが，いま全く同じことを上記のお手紙に接して痛感するのである。この過褒の極みの表現は私に残りの人生を賭けて裁判法の分野の一老兵としてもう少し頑張れという氏のメッセージなのだ

ろう。「一隅を照らす者はこれ国の宝なり」という言葉があるが，裁判法という研究者の少ない分野の暗がりの一隅にか細い蠟燭の灯をともしたような私の研究を最大限の針小棒大的表現で飾ってくださったのではあるまいかと臆測する。いずれにせよ感謝に堪えない。半呆けの頭を振り絞って蝸牛の歩みの勉強をもう少し進めたいと改めて決意している次第である。

　その他多様なご意見，ご批評を頂戴しているが，今後それらを熟読玩味しつつ私見をヨリ深めかつ進めたいと思う。ただ，予想されたことだが，死刑存廃論についてはやはり私見と異なる意見の方も少なくないようである。その中で，民事訴訟法学の泰斗のＤ氏が死刑存置論に賛成で，私見を評価してくださったことはやや意外（？）で，とても嬉しかった。また，私と類似する法曹歴を有する壮年のＥ氏（裁判官を経て現在は法科大学院教授（民事訴訟法）兼弁護士）が「法は涙である。法は被害者のためにも涙を流す」という拙著の中の言葉を引きつつ死刑存置論に特に共感する，と書いてくださったことにも大いに力づけられた。さらに本稿の締切り期限の直前に頂戴したＦ氏（法学教授　行政法）のお手紙は，「結論として再審請求を無条件で認めつつ，死刑制度を存置するという先生の御立場に共感を覚えました。」と書いてくださっている。（氏は夏休み前に精力的に専門外の法学文献の読破に打ち込んでおられ，拙著もその一つだったようである。）やはり自分の信ずるところは率直に表明しておくべきだと痛感する次第である。

　（スウェーデンの推理小説（警察小説）の中で死刑問題に言及しているものをここに紹介しておきたい。ヘニング・マンケル，柳沢由美子訳『白い雌ライオン』（2004，創元推理文庫）の一節である。スウェーデン南部

第 1　残響『検証・司法制度改革 II　裁判員裁判・関連して死刑存廃論を中心に』　　7

の小さい警察署の捜査警部クルト・ヴァランダーの考えが説明されている。「スウェーデン警察の多くの警官がそうであるように，ヴァランダーもまた死刑反対論者ではなかった。……犯罪の種類によっては極刑が科されることに反対はしなかった。ある種の殺人などの行為は，人間の命に対する尊敬が徹底的に欠けている。そのような犯罪者は，自分の命を擁護する権利をその犯罪行為により失ったも同然，とヴァランダーは思うに至っていた。」（427 頁）全く同感である。本来は注 6）で扱うべきだろう著作をここに取り上げるゆえんである。なお，関連して 3 後半の「例外的に重要な論考」の①（21 頁）の参照も乞いたい。)

　この項の最後に，G 氏からの書信中のご意見で去就を決しかねていることについて，大方のご高見を承りたくここに書かせていただく。氏は長年にわたって親交を結んでいる弁護士の畏友で現在でもクライアントの国際会議にも出席するなど大活躍をしておられる人である。とくにその文章は優れたもので，私は氏を法曹界屈指の名文家と評価している。名文家の法曹であるということは氏の思考がすぐれて明晰であることを意味しよう。その氏が自爆テロ犯などへの対応については「裁判なしの射殺＝死刑執行に向かわざるを得ないと思います。日本では犯人を生きて確保するという旧態依然たる対応を放映（ママ）していますが，狂信者，確信犯を相手に教育刑の効果を説いても無意味というのが小生の感想です。」と述べている。

　だが，果たしてそう断言してしまって良いのだろうか。例えば宗教における深く熱烈な信仰と狂信とは一体どのようにして区別できるのだろうか。ウィリアム・ジェームズの The Varieties of Religious Experience『宗教的経験の諸相』を援用して真の宗

教的信仰と宗教的テロリズムの狂信とを区別する見解もあるが，通常人にとって両者の区別は極めて困難である（David Brooks, Religion's wicked neighbor, *The International New York Times*, June 18, 2016, at 9 参照。なお，同書の邦訳には同じ題名の枡田啓三郎訳（岩波文庫，上下，1969）その他がある）。G 氏は，「今，最大の問題は，治癒できる可能性は極めて低いが，実力のある精神科医を大量に養成投入して治療することだと思います。」と結んでいる。この結語にやや救われた気になる。しかし，法律家としてはもう少し明確な見解が打ち出せないものだろうか。私見は迷いに迷っている。

（作家の楊逸氏は「本音のコラム　許す」（東京新聞 2016 年 7 月 9 日（土）朝刊 29 面で，最近のテロ事件に言及し，その文章の最後で「許したい。だが，人間の心を持てないテロリストをほんとに許していいのか。」という。これは多くの人々の率直な思いを表現するものだろう。）

頃日ザック・エブラヒム・ジェフ・ジャイルズ，佐久間由美子訳『テロリストの息子』（2015，朝日新聞社）を読んだ。著者ザック・エブラヒムは，知られている限り米国本土で初めて人命を奪った最初のジハーディスト（イスラーム教の聖戦主義者）を父に持ちながら，現在テロリズムに反対する立場をとり，平和と非暴力のメッセージを拡散することに自分の人生を捧げているという。とても難しいことだろうが，そういう素晴らしい人もいることを忘れたくない。ガンジーの「命を捧げてもいいと思う大義はたくさんある。しかし命を奪うための大義はひとつもない」という名言（同書 168 頁）はテロを撲滅しようとする側にも妥当するのではあるまいか。（東京新聞 2016 年 5 月 15 日（日）7 面の「あの人

に迫る　ザック・エブラヒム　テロリストの息子」は，エブラヒム氏に対するインタビュー記事を載せている（泰融記）。これを読むだけでも有益だと思う。）なお，後掲4②のエマニュエル・トッド『シャルリとは誰か？……』の項も参照。

　最後の最後に，犯罪学者坂田仁博士からの書信中の死刑存廃論に関する部分を紹介しておこう（この内容の公表については氏の許可を得ている）。上記DないしF氏の所論などとも関わりがあると考えるからである。

　「公権力の暴力的行使による加害を一種の正当防衛あるいは緊急避難として是認してしまうことには，強い反対を言わなければならないと思います。ここには何らかの法的措置を設ける必要があると考えます。（中略）／日本の刑法上の犯罪に対する死刑は，実は三審制を通しての司法の場で考え抜かれたものであることは，先生ご指摘の通り，強調すべきことなのです。おそらく一般の日本国民の常識はこのことをわきまえていると私は信じています。死刑の判決を限りなくゼロに近づけることに私は賛成ですが，死刑廃止には反対します。」なお，坂田氏の死刑論については拙著122頁参照。

3. 頂戴した著書・論文等について

　主として私の当面の研究テーマ，問題関心と直接的に関連すると考えるものについて若干の言及を行う。それ以外のものについてはまことに申し訳ないが，目下キチンと勉強する時間的・肉体的余裕がないので，著作の重要性に関わりなく，単に著作名を挙示する程度にとどめる。また，取り上げる順序も不同である。ご

了承を乞いたい。

① 久保利英明『志は高く回線は低く』（2016，財界研究所）

まず，久保利弁護士の上記著書から始めよう。刊行時現在71歳の氏はエイジドライター（氏の造語）と称して自分の年齢と同数の著書（編著，共著を含む）を刊行することを目指しており，同書は氏の71冊目の著書という。弁護士としてヤクザや総会屋を相手に戦いを挑み，刑事事件では特捜検察と激しく切り結び，一人一票訴訟では最高裁判決批判をしつつ衆参5回にわたる違憲状態判決を獲得し，コーポレトガバナンスでは厳しく東電や東芝を批判する，という八面六臂の大活躍の中で，この驚異的な数の著作の産出にはまさに驚嘆のほかない。氏はまた，桐蔭横浜大学法科大学院教授等として法曹養成教育にも精力を注いでいる。

氏によれば，こうした活動の原点にあるものは，司法試験に合格した直後に1968年4月から半年にわたって行ったユーラシア・アフリカをめぐるアフリカ解放闘争支援の一人旅だったという。同書はその旅の経験を語った著書である。法曹人・法学生にとって興味の尽きない，そして深い示唆を与える読書体験が得られること請合いである。

私は偶然にもその翌1969年6月，15年間にわたる裁判官生活と訣別し同年9月に始まるストックホルム大学の外国人法律家のための一種の大学院コースである Diploma of Comparative Law/International Law に入学した。そしてストックホルムに向かうまで約1ヵ月かけてバンコック（タイ），デリー（インド），カイロ（エジプト），アテネ（ギリシア），ローマ（イタリア）等で数日間滞在し，とくに若者との交流を心掛けた。実は私が裁判官を辞

めた理由の一つには，次の任地は東京で，そしておそらく長期裁判となるはずの学生紛争の刑事裁判を担当させられる可能性が高いと想像していたことがある（私の前任者たちの履歴を見るとほとんど例外なく東京行きだった）。当時学生の反乱は先進諸国における世界的現象であり，その真の理由が分からないのに学生紛争の裁判で自分の法曹人生を空費したくないという思いも潜んでいたのである（神奈川大学法学研究所研究年報 26 号（2008）14 頁参照）。

このストックホルム行きの旅ではいろいろ予想外の経験をしたが，カイロでは現地人の大学生と昵懇になり，宿泊先のホテルで行われた彼の妹のイスラーム教の結婚の披露宴に招待されるという稀有の体験もした。顧みれば，氏よりも 1 年遅れで 40 歳近い中年男の私は氏のユーラシア・アフリカ旅行のごく短期間の真似事をしたような気がして，同書に一入興味を覚えるのである（留学中も費用節約のために貧乏生活に徹し，旅行では頻繁にヒッチハイクを利用し，また野宿もした。これも久保利青年の旅の真似事といえるかも）。

また，氏は同書の中で，「弁護士にとって大事なことは三つの"Y"だ」といい，私の 3Y 主義と同じことを語っている（191-192 頁）。氏からの別の書信によれば，これは私の教えのパクリで，大宮法科大学院で原著作者は萩原であることを明示して講義をしたのに，これが同大学院でのモットーになってしまったので，そのまま使わせてもらっているとのことである（この書信は同書の内容と密接不可分といえるので，発信者の氏名を明示して差し支えないと考える）。私としては 3Y 主義が普及すればそれだけで有り難いと思っており，別に気にしていない[3]。

② 森村進編『法思想の潮流』（2016，法律文化社）

　共著者の一人である高橋文彦教授から恵送されたものである。同氏とは互いに「法文化学会」の会員でもあり，長年ご厚誼をいただいている仲である。私の基礎法学に関する家庭教師の一人ともいうべき人である。なお，編者の森村教授はかつて神奈川大学法学部で同僚としてご一緒したので親近感があり，かつその傑出した業績について多少の知識を有している。同書の内容にほんの少し触れてみる。

　例えば，屋敷二郎「中世ゲルマン法と歴史法学」は最新の文献に基づくこのテーマに関する平易・的確な説明で興味深かった。私の専門の一つであるスウェーデン法の研究上も示唆に富む指摘がみられる。

　また関良徳准教授は，米国の批判法学誕生の背景には二つの文脈があり，その一つはフランスの五月革命（1968年）を嚆矢とする世界規模の学生運動である（同書199頁）という。上述したように，私が裁判官生活を辞した理由の一つはこの学生運動だったといって良い。自分の人生の重要な変化の決断が意外にも大きな法学界の潮流と関わっていることを知って驚いた。ちょっと嬉しい気もする。

　同書を一応通読して青年時代にタイムスリップしたような清新な気分を味わった。同書あるいは同様の文献を味読したり，これらに基づく法学教育を経たりしないまま，司法試験予備試験コースを経て最短距離で司法試験に合格したような優秀な若者が果たして将来優れた法曹として大成できるか，私は自分自身のささやかな経験に徴しても強い疑念を有している。そんなことを改めて

考えさせてくれた同書の編著者らに感謝する次第である。

③　四宮啓「松村良之・木下麻奈子・太田勝造編著『日本人から見た裁判員制度』(勁草書房・2015年)」法社会学82号（2016年）所収

　この著書については拙著の中でも取り上げているが，「現時点で望み得る最高水準の法社会学的研究の成果を示す労作」であることを紹介するのみで，内容に関する批判的論評を全く回避してしまっている（拙著280頁）。弁護士にして法科大学院教授である四宮氏はその実務経験および学殖にかんがみ同書の書評者として最適の人といえよう（氏については拙著188頁以下とくに190–191頁を参照）。

④　三島聡編『裁判員裁判の評議デザイン——市民の知が活きる裁判をめざして』(2015，日本評論社)

　同書は編者を含む10人の共同研究の成果だが，その外部の執筆者として「総括的感想——事実観・認識論との関係で」を書いている石塚章夫弁護士（元裁判官）から恵与されたものである。コミュニケーションや心理学の研究者が中心になった多年にわたる研究の所産で，裁判員裁判を経験した裁判官たちへのグループインタビューも含まれている貴重なものである。同書の重要性を認識しながらも門外漢の私ごときが一知半解の紹介を試みることは差し控えるべきだろう。で，石塚氏の上記論考についてのみ一言するにとどめたい。

　氏は，刑事訴訟における伝統的な事実観・認識論すなわち「価値中立的・絶対的存在としての事実の実在性を肯定する立場を「二項対立的事実観」として批判し，これに対置される共同主観

的認識論を提唱する豊崎七絵准教授の所説を紹介し，基本的にこれに与する。それを踏まえて，「客観的事実との合致」という正当性確保の方法がないとすると，評議の結論の正当性は評議の外在化と共有を通じて，その信憑性を極大にすることによって確保され，裁判の正当性はこの方法によってしか確保することができない，という。そして消極的実体的真実主義への言及が不可欠であるとし，今後における一層の研究の深化を提言する。（以上，甚だ生硬で簡単すぎる私の説明では分かりにくいだろうが，くわしくは同書346頁以下を参照されたい。）

　石塚氏の所論はすこぶる魅力的なパラダイム転換の主張である。すでに裁判官の定年を過ぎた石塚氏が，このような知的営為に挑戦しておられるお姿に深く敬意を表するとともに，そのひそみに倣って自分ももう少し研究の歩みを進めなければと決意している次第である。

　⑤　須藤正彦・小林信明・山本和彦編集，高木新二郎『事業再生と民事司法にかけた熱き思い　高木新二郎の軌跡』（2016，商事法務）

　同書の冒頭に「推薦のことば」を書いている民訴法学の泰斗新堂幸司氏は高木氏を「倒産の分野および事業再生の分野における『革命家』」と評する。まさに的確な評語だと思う。また，私自身はかつて氏の著書『随想・弁護士任官裁判官』の書評をした当時から氏は法曹界におけるスーパーマンではないかという印象を抱いてきた（この書評は拙著『続・裁判法の考え方』（2000，判例タイムズ社）所収）。元最高裁判事で倒産法等の分野における最高の研究者の一人でもある須藤氏や民訴法学の第一人者に位置する山本教

授らが積極的にこの著書の編集を行われたことは，高木氏に対する抜群の高い評価を示す例証にほかならない。

　何時だったか，氏が活発に発言している国際的シンポジウムで終始沈黙のままの私は，休憩時間に氏から「萩原さん，人間は死ねばしゃべれないんだから，今のうちに言いたいことをチャンと言っておかなければダメだよ」と叱咤激励されたことを思い出す。勉強不足，口下手の私はとても氏の真似事はできないが，氏の言葉を少しでも生かすべくこのような論文もどきの文章を書き綴っている次第である。

　⑥　庭山正一郎「法の支配に向けての弁護士制度の在り方──戦前・戦後の特に司法書士との関係を巡って」

　「特集・戦後70年──司法制度の改革と法の支配」と題する特集号『法の支配』180号（2016年1月）中の一篇である。

　氏はまず，税理士が年金二重課税裁判で本人訴訟の原告を7年間にわたって終始支え，遂に最高裁で国の課税処分を取り消す原告勝訴の判決を獲得させたこと，しかも彼は手弁当覚悟でこの事件に関わったことを紹介し，この事件は弁護士以外に「法の支配実現の当事者が社会に重層的に存在することを改めて明らかにした」と指摘する（107頁）。そして，「法の支配のための隣接士業との協調体制」について歴史的考察を踏まえて論究する。とくに司法書士とのそれに重点が置かれる。「今後とも，各士業からの権限拡大の動きが止むとは思えない。法の支配を実現する観点からは，弁護士だけで需要をカバーしきれない分野について，こうした士業の参入意欲に対してたんに拒否反応を示すだけでは発展がない。その観点からは，少なくとも個別的な紛争解決上で各士

業団体間の公的な協力関係を促進することが重要である。」(117頁)と提言する。これは弁護士の既得権益の擁護などから離れた良心的な提言である。氏が日弁連法務研究財団専務理事という重要な職責を担う人であり，そしてまた法曹界におけるオピニオン・リーダーの一人というべき人であるだけに極めて注目に値するといえよう。

しかし，氏の所論に対する若干の疑問も生じないわけではない。

氏は懲戒権の所在について，「市民の立場から見て」「日弁連も訴訟代理人活動を行う司法書士を準会員にするくらいのことを考えて，懲戒権を掌握すべきであった。司法書士も司法の一員であることを自負するのであれば，日弁連の懐に飛び込むくらいの決断をすべきであろう。」という (117頁)。そして「実質的な訴訟代理人活動について他士業が業務の拡大路線として要求するときには，懲戒権を日弁連が保持するよう社会に強く訴えて賛同を得るべきである。」(117-118頁) と主張する。

たしかに懲戒権の所在の問題は，法的サービスに対する国民の権利の十全な保護，究極的には法の支配の確立のために根本的に重要な問題であり，この点に関する氏の見解の妥当性は疑いを容れない。だが，氏もいわれるように，「縦割り規制行政のもとで各士業の主務官庁は異なっており，各士業の司法や行政に対する姿勢も異なって」いるうえ，「士業間の互いの不信感は抜き難く存在し」ているのである (118頁)。現実的には現在の在り方の改革は至難というほかあるまい。そもそも司法制度改革なかんずく法曹人口の大幅な増加はこの国のかたちを変えること，すなわち

縦社会から横社会への転換——その一環として縦割り規制行政の廃止を不可分的に含む——を目指したものなのである。

私はかつて次のように論じた。

「現状を是認し，弁護士とこれら準法曹との業務提携を促進することで利用者＝国民のニーズに応えようとする見解は，一見妥当な現実論のようであるが，実は非現実的なのである。なぜならば，現状から生ずる相互間の不和・対立は構造的なものであり，構造自体を変革しない限り根本的に解消するものではないからである。それに法の支配は本来行政権に対するものであることを思えば，現在の準法曹制度の限界——個々の準法曹がどれほど優秀であるか，また人権擁護の使命感を有しているかにかかわらず——はおのずから明らかなはずである。『分割して統治せよ』という言葉もここに想起されてよい。」（拙著『検証Ⅰ』21頁）[4]。この拙論は庭山氏の上記所論に対しても基本的に妥当するのではあるまいか。なお，関連して後記 **6** 末尾の故志賀櫻弁護士に関する記述を参照。

私はかねて司法問題に関する庭山氏の所論から多大の教示と示唆を得ている者だが，本論考での氏の所論は短期的には一応の正当性を有するにせよ，長期的視点からみるとやはり妥当性を欠くといわざるを得ないように愚考するのである。あえて疑問を提示しておきたい。

⑦　石井陽一教授の『週刊金曜日』掲載の諸論考

本学外国語学部教授として定年まで奉職され，本学名誉教授である同氏は，知る人ぞ知るラテンアメリカ法研究の第一人者というべき存在である。氏は私とほぼ同年であるが，現在なお『週

刊金曜日』にラテンアメリカ事情全般について健筆を振るっておられる。頃日氏から氏の最近における同誌掲載の論考をまとめて恵与されて一読，多大の教示を得た。(この8月に横浜を出港する第92回ピースボートの世界一周クルーズ (私としては6回目の参加，そしておそらく最後のものとなる) で最近米国との国交を回復したキューバの首都ハバナに立ち寄るので，とくにこのご好意は有り難かった。)

氏はすでに同誌の2014年12月5日号 (1019号) でウルグアイの大統領選を取り上げ，左派政権の継続が決まったことを報じ，その背景には最近来日して大きな話題を呼んだムヒカ前大統領に対する国民の信頼があるとみられることを指摘している。私は新聞記事に促されて最近，アンドレス・ダンサ／エルネスト・トゥルボビッツ，大橋美穂訳『ホセ・ムヒカ　世界でいちばん貧しい大統領』(2016, 角川文庫) を読み，改めて石井氏の簡にして要を得た上記論考に感服した次第である。

⑧　松本克美教授の諸論考

「法と心理学会第14回大会　ワークショップ損害賠償請求権と時効・除斥期間問題への法と心理からのアプローチ——訴訟係属中のカネミ油症新認定訴訟を中心に」企画・司会者：松本克美『法と心理』14巻1号 (2014)，「時効法改革と民法典の現代化」『民主主義法学と研究者の使命——広渡清吾先生古稀記念論文集』(2015, 日本評論社) 所収，「時効法改革案の解釈論的課題——権利行使の現実的期待可能性の配慮の観点から」立命館法学363・364号 (2015年5・6号) 所収

⑨　河崎裕子「訴訟上の和解の法的性質——その効力をめぐる議論を中心に」信州大学法学論集27号 (2016) 所収

⑩　村重慶一「死刑執行雑記」『法曹』744号（2012）所収

新任検事として福岡地検で研修指導を受けた際，福岡拘置所で死刑執行に立ち会った経験を踏まえて，現行絞首刑は限りなく残虐に近いものであり，注射刑をはじめ残虐性の希薄な方法への変更を検討すべきだとする土本武司説に賛成し，理想論としては死刑廃止論が正当であると考えると述べる（26，29頁）。

（村重氏の検事在任は短期間で，その後裁判官として終始されたが，近着の『法曹』789号（2016年7月号）に，氏の「『なぜ国々は戦争をするのか』（読書雑記）」が掲載されている。同名のジョン・G・ストウシンガー，等松春夫監訳（上下，2015，図書刊行会）という名著の的確・周到な紹介を行う優れた論考である。私とほぼ同年の村重氏の精神の冴えに脱帽して敬意を表する。同書は4で取り扱ってみたい著作の一つだが，村重氏の論考に教えられて購入したばかりでそれが叶わず残念である。）

⑪　川嶋四郎『公共訴訟の法理』（2016，有斐閣）
⑫　木佐茂男『司法改革と行政裁判』（2016，日本評論社）
⑬　波多野二三彦氏からの葉書

拙著の中では波多野二三彦氏の著書や氏の個人雑誌『琴線』から多くの引用を行っている。（とくに裁判員裁判における審理について——拙著26-27頁など）。当然，拙著を彼にも献呈すべきだが，私はあえてそうしていない。それはかつて少なくとも毎月1回以上あった彼との間の頻繁な文通がここ1-2年完全に途絶えてしまっているからである。文通はいつも彼の主導で，私がそれに応える形でなされていた。したがって，彼の個人雑誌の終刊とほぼ同時に彼からの文通が断絶したのは，彼なりの深い考えがあって人生の晩年を孤独で超俗の生活の中（ヒンドゥー教の林住期，遊

行期のような。ちなみに彼は養子で養家は寺，養父は住職だったと聞く）で生きたいと決意したためではないか，と推測したからである。

　ところでごく最近，私の所属法律事務所宛てに彼からの葉書（本年4月27日郵便局受付印）が届き，それが私宅に送付されてきた。彼との間ではかねてお互いに郵便の内容も公開自由という取り決めなので，そのまま紹介すると，「お元気ですか。私は今，日に日に急速に呆けが進行しつつあり危険な状態です。それでお便りできるうちに簡単にこの葉書を出しておきます。大野さんも親分も亡くなりましたから，親分の名前も今，ちょっと失念してアタマから消えています。お二人はあの世で会えたでしょうか？」というのがペン書きの全文である。大野さんとは大野正男氏（元最高裁判事，第二東京弁護士会（二弁）所属弁護士），親分とはおそらく原後山治氏（二弁所属弁護士）のことだろうと推察して折り返し返事を出しておいた（私たちの親しい友人・知己の間で「親分」のイメージにふさわしいのは彼しかいない）。葉書が私の自宅宛てでないのは，たぶん私の手紙など全部処分してしまったのではないかと想像される。私よりも数年年長だが，スーパーマン[5)]とも思える傑出した彼もやはり自然の老化の襲来には勝てないのか，と本呆け寸前の私は同病相憐れむに近い複雑な心境である。こんなことを書くべきかどうかかなり迷ったが，今でも彼の動静について尋ねられることが少なくないので，あえてこの葉書を公開する次第である。（婦人公論1447号（2016年5月10日号）に米国在住の詩人伊藤比呂美氏（好著『女の一生』（2014，岩波新書）の著者）が彼女の英国人の夫君（87歳と聞く）の病状について書いている（同「たそがれ・かはたれ⑧　夫，マジでやばい」）。その彼の凄惨な日常を読むと，私の

呆け状態などまだまだ気楽なものかと思わせられる。──間もなく彼が亡くなられたことを知った（ジェフリー・アングルス「往復書簡　伊藤さんへ」東京新聞 2016 年 5 月 12 日（木）夕刊 7 面)。謹んで哀悼の意を表する。実はその後同誌 1450 号（同年 6 月 23 日号）に死の前後の状況が語られているのだが，ここに言及するに忍びない。)

波多野氏からは続いて 5 月 31 日付郵便局受付印のある葉書が今度は自宅宛てに届いた。それによると，今は「花つくり」に専念しているとのこと。彼の持ち味を発揮して散歩しても様々な山野の草花を採取してくるようになり，お花畑は拡がる一方という。慶賀に堪えない。

例外的に重要な論考

上記の論考とは異なるが，ここで取り上げるのが至当と考えられるものについて言及させていただく。

①　松澤伸「ヤック・オーグレン Jack Ågren 著『スウェーデン刑法 29 章 5 条における衡平理由（Billighetsskälen i BrB 29：5)』2013, Jure Förlag, Stockholm」川崎博ら編『理論刑法学の探求⑧』（2015, 成文堂）所収

私は拙著の中で，量刑については一種の応報的正義の実現としてふさわしい量刑を決するほかないと主張した（36 頁等）。そのときは，スウェーデン刑法が「刑罰価値」に基づく均衡原理によっていることについて全く無知であった。このことを知ったのは，松澤教授からごく最近上記論文を恵与されて拝読した結果である。同論文によれば，この均衡原理についてはつとに私の多年にわたるスウェーデン法研究の同志というべき坂田仁博士の論考があるとのことであるが（同書 229 頁注 5)），最近の私は司法制

度改革の問題への取り組みに熱中しており、それに気付かなかった。(その後、坂田氏のご好意により頂戴したこの先行研究「オーグレン著『刑法29章5条における衡平理由について』を読む」(常磐大学大学院学術論究創刊号) も読んで大いに啓発された。)

松澤氏によれば、均衡原理とは「犯罪に均衡した刑罰を科さなければならないとする原理ということができ……この原理の源流は古くはタリオの思想、近くは応報思想が想起されるが……第二次大戦後に分析倫理学を基礎として展開されるに至ったものであり、正義にかなった刑罰とは犯行に均衡する刑罰である、という思想である。」(同書226頁) なお、これに関連してトーマス・エルム、松澤伸・木崎峻輔・岡田侑大訳「北欧 (ノルディック) 諸国における刑罰と量刑」早稲田大学比較法研究所機関誌『比較法学』48巻3号 (106号、2015) は、聴衆からの質問に対して「スウェーデンにおいては、処遇的な観点は裁判官が量刑する段階では取り外されており、そこにあるのは均衡性と応報的な観点です。」と率直かつ簡明に答えている (同誌142頁)。

私の素朴な量刑論は図らずもスウェーデン刑法の量刑原則に近似していると愚考されるので、スウェーデン法研究者でもある私としては嬉しい限りである。ちなみに、松澤氏の論文はこの均衡原理を調整するスウェーデン刑法29章5条における衡平理由についての詳細な解釈論を展開するものである。

その後、さらに松澤氏から同「スウェーデンにおける刑罰の正当化根拠と量刑論——いわゆる『均衡原理』の基礎」(『罪と罰』51巻3号 (通巻203号、2014)) の恵送に与った。この論文の最終節 (Ⅳ) では「我が国への応用可能性」が論じられている。私見

では均衡原理はわが国においてもとりわけ裁判員に対する量刑の説明原理としてすこぶる説得力に富むと考えるが，氏も刑法学者にふさわしい慎重・適切な表現でほぼ同様の指摘をしておられる。私ごとき刑法学のアウトサイダーの声援がどれほど役立つか分からないが，今後のわが国の刑罰理論と実務がこの方向に進展してゆくことを心から希求する次第である。

ちなみに，米国のピーター・バーゲン教授は，長年にわたる数百件に及ぶテロ事件の検討の結果として，テロ犯人の動機を一義的に確定することは困難だと述べている。Peter Bergen, Why do terrorists commit terrorism?, *The International New York Times*, June 16, 2016, at 8. この指摘も，刑事裁判において犯行の動機の解明に努め，それを量刑に反映させることが困難，いやむしろ不可能に近いことを裏付けているといえよう。「刑事裁判に被告人の犯行の真の動機……の解明……ができると考えるのは過大に失した期待である」（拙著 36 頁）という私の主張は決してアウトサイダーの妄言ではないのである。

②　座談会「グローバリズムの中の日本司法の課題」『法の支配』181 号（2016 年 4 月）

これは論文ではないがそれと同様に貴重な文献資料といえる。座談会出席者 5 人はおおむね優れた国際法律家と称すべき存在である。座談会の中では司法制度改革の中心課題の一つである法曹養成の在り方や法曹人口の問題を考えるうえで注目に値する発言も少なくない。以下，それに限定して若干の摘記をしてみる。

元日弁連事務総長の荒中弁護士は，世界弁護士会事務総長会議における交流から得た所見として，欧米系の事務総長の多くは

2030年の世界のマーケット，世界経済の中心はアジアになると考えているといい，日本政府も日弁連もそのころの世界の状況を念頭に置いて政策を考えたり，提言をしたりすることの必要性を示唆する（21頁）。これは司法制度改革における上記問題を考えるうえで極めて重要な指摘である。また，茅野みつる氏（伊藤忠商事執行役員・法務部長，カリフォルニア州弁護士）や川村明弁護士は，（法科）大学院の教授経験を踏まえて学生が司法試験と無関係だが重要な講義を受講しなくなったことを指摘し，大本俊彦氏（京都大学特命教授，工学博士）は弁護士人口の多寡・水準はマーケットが選ぶわけで，どんどん弁護士を生み出せば，そこで良質の弁護士が出て来るだろうと語っている。いずれも傾聴に値する発言である（38-40頁）。

③　日本スポーツ法学会監修，浦川道太郎ら編著『標準テキスト　スポーツ法学』（2016，エイデル研究所）

これは出版社から寄贈されたものである。私は意外に思われるかも知れないが，日本スポーツ法学会の設立発起人の一人であり，長らく同学会の理事を務め，現在はその名誉理事である（私と同学会との関係については『検証Ⅰ』31，55頁以下参照）。同書の執筆者の多くは私がその学殖を良く知る人たちだ。この本は題名の通り標準書を標榜する教科書だが，その名に恥じずスポーツ法に関するまさに多種多様なテーマについて優れた専門家たちが分かりやすく的確な論述を行っている。法律家やスポーツ関係者には是非とも一本を備えることをお勧めしたい好著である。私自身まだ拾い読みしただけだが，それだけでも実に有益な収穫を得た。ご参考までに，目次の編と章だけ以下に転記してみよう。知的食

欲をそそられること請合いだと信ずる。

「第1編　スポーツ法学の入り口
　第1章　法学の基礎
　第2章　スポーツ法学の体系及び法源
　第2編　公法とスポーツ
　第1章　憲法
　第2章　行政法
　第3編　刑事法とスポーツ
　第4編　民事法とスポーツ
　第1章　民法総則，商法総則
　第2章　契約法
　第3章　不法行為法
　第4章　法人法，組織法（いわゆるスポーツ固有法を含む）
　第5章　知的財産法，不正競争防止法
　第6章　労働法
　第7章　独占禁止法
　第5編　紛争解決法とスポーツ
　第6編　国際法とスポーツ」

しばしばマスコミをにぎわすドーピング，ダフ行為，スポーツ賭博等の問題についてもしかるべき箇所で適切な論述がなされていることはいうまでもない。

4. それ以外の最近の読書体験から

知的貧乏性とでもいうのか，どうしても多少自分の研究生活と関わりがあるのではないかと思うような読書に関心が向いてしま

う。そのようなものの若干を以下に記してみる[6]。

① タミム・アンサーリ，小沢千重子訳『イスラームから見た「世界史」』(2011，紀伊國屋書店)

まず挙げるべきは，タミム・アンサーリの上掲書である。これは素晴らしい本だ。700頁に近い大著だが，数日間かけて読了した。帯の惹句に「歴史への複眼的な視座を獲得するための，もうひとつの世界史」とあるが，まさしくその通りである。著者は，父がアフガニスタン人，母がフィンランド系アメリカ人の米国の作家だが，実に公平な視座から終始論述を行っている。もっと早く同書を読みたかったと切に思う。この本のことを知ったのは，池上彰・佐藤優『大世界史 現代を生き抜く最強の教科書』(2015，文春新書)の巻末のブックリストからで，急いで購読した次第である。これほどの大著を訳出された訳者，刊行された出版社にも敬意を表したい。日本はやはり世界に冠たる翻訳大国だと痛感する(前記18頁のムヒカに関する訳書などもその適例)。いま紙の出版文化の衰退がシリアスな問題になっているようだが，断じてそれを許してはなるまい。そのためにも，貧者の一灯にせよできる限り本は買いまくるつもりである(幸い，まだ多少空間的余裕のある一戸建てのボロ家に一人住まいなので)。

② エマニュエル・トッド，堀茂樹訳『シャルリとは誰か？人種差別と没落する西欧』(2016，文春新書)

2015年1月の「シャルリ・エブド」襲撃事件を受けてフランス各地で「私はシャルリ」デモが行われた。同書の著者はこのフランス社会の大勢に与することに消極的であり，フランスは集団ヒステリーの発作に襲われたのだという。著者は「外国語版の読

者へ」と題する冒頭部において「本書は，『崩壊しつつあるカトリシズム――ゾンビ・カトリシズム』をイスラム恐怖症へ，そして崩壊しつつあるイスラムを反ユダヤ主義へと導いていく地獄のようなメカニズムを分解して見せます。」(12頁) と述べる。そして結論部では「われわれはイデオロギーよりもむしろ時間の働きに期待して，緊張の緩和と平和的な人間関係の到来を待つべきだ。」「折り合いをつけるという選択は，対決が失敗するしかない局面で成功する可能性を持っている。実のところ，折り合いをつけるという選択は，その成功の確率がどんなレベルであっても受け入れることができる。なぜなら，対決が失敗に終わる確率は100％であるから。」(圏点原文，291頁) と主張する。一神教的宗教に十分な素養を有しない私には同書の論述を的確に理解できたという自信はないが，この結論にはほぼ賛意を表したいと思う。

　なお，著者が「きまじめ精神」の危険性を強調しているのは拙著における「後ろめたさの大切さ」(212，283-284頁) と近似している面があると愚考するので以下に引いておこう。「事がレイシズム〔人種主義〕に関するとなると，きまじめ精神の有る無しは重要な社会学的ファクターである。というのも，何かレイシズム〔人種主義〕を危険にするものがあるとすれば，それはまさにきまじめ精神だからだ。きまじめ精神が働くからこそ，アメリカの白人の100家族が，彼らの住む通りに一家族か二家族の黒人が住みついたとたんに大挙して余所へ引っ越すなどということが起きる。あるいは，第一次世界大戦の真最中，戦争遂行能力で手いっぱいのはずのドイツ人たちがわざわざ時間を費やし，ユダヤ人たちが軍事義務を果たしているかどうかをチェックしたのだ。云々」

(296頁)(脱稿間際に届いた『UP』525号(2016年7号)に森千香子「パリ襲撃事件のもう一つの恐怖――『無関係の関係者』としてのムスリムの立場」が収められている。氏は、〔フランスで生まれフランス国籍を有し博士課程まで進学し、現在はパリ大学の人事課で管理職として働きながら、白人フランス人の医師と暮らしている〕友人女性(アルジェリア出身)からの手紙を紹介しつつ「集団懲罰」について論ずる。そして米国における第二次世界大戦中の日系人収容についても言及しつつ、自己責任論に支配される現代社会において集団懲罰を容認するダブル・スタンダードが強化されているのは、「空爆をする欧米の国家」と「その国民」とをひとくくりにして、攻撃を展開するテロリストと全く同様の論理だと難ずる。社会経済格差を是正し、差別を撤廃する政策がなければ治安をいくら強化しても根本的な解決には至らないと思われる、と結論する。その通りではあるまいか。)

③ 丁海玉『法廷通訳人　裁判所で日本語と韓国語のあいだを行き来する』(2015, 港の人)

この素晴らしい本の中には裁判員裁判における法廷通訳の問題を扱った論考「初めての裁判員裁判」も収められている。恥ずかしながら私は法廷通訳の問題が裁判員裁判における重大課題であることをこの論考から教えられるまで気付かなかった。

裁判員裁判に関わりなく法廷通訳の問題はグローバリゼーションの中で益々重要かつ解決困難な司法運営上の問題になろう。日韓両国の言語には若干の類似性があるし、また通訳を必要とする被告人が日本語にかなり堪能である場合も少なくない。しかし、実はそれが法廷通訳上の特有の難しさを惹起することがありうる。私はこのことをかつての裁判官経験を通じて知らされた

が，この厄介な問題について同書の論述は詳細で説得力がある（37頁以下「私，通訳いりません」）。次の丸山氏の著書とともに法廷通訳の問題を考えるための必読書といえよう。

④　丸山正樹『デフ・ヴォイス　法廷の手話通訳士』（2015，文春文庫）

これは小説だが，巻末に詳細な参考文献を挙示しており，ろう者や手話を理解するための好個の案内書でもある。エッセイスト三宮麻由子氏の解説も「この作品は全編を通じて哲学的な問題を内包しており，ミステリーでありながら考えるヒント満載の人生論でもあるのだ。」という（ちなみに氏は全盲の視覚障害当事者である）。その通りだと思う。

⑤　関川清『裁判官・非常識な判決48選』（2016，幻冬舎新書）

題名からは非常識な判決ばかりを集めた本のような印象を受けるが，かなり多くの判決はそうではない（このことは「はじめに」からも分かる）。著者はまだ30歳代後半の少壮弁護士だが，全体を通じておおむねバランスのとれた妥当な論述で感心した。判決に加えて裁判官の言動にも正当と思われる批判を行う反面，その多忙さにも配慮を示している。裁判員制度については，裁判員裁判の判決の量刑が上級審で覆されるのを問題視していることがとくに注目される。量刑相場に囚われない自由な市民感覚を取り入れるために裁判員制度は始まったのに，過去の量刑相場と違い過ぎることだけを理由にその判決を破棄することは許されないだろうと論ずる。これは私見と同旨の見解であり全面的に賛成したい（拙著40，196-197，271-275頁参照）。

⑥　イアン・マキューアン，村松潔訳『未成年』（2015，新潮社）

英国の高等法院の女性裁判官が主人公ということなので，英国司法の内情の理解を深める一助になろうかと思って購読した。私は無知だったが，著者は英国を代表する小説家とのこと。本書の中では宗教的理由から輸血を拒む白血病患者の少年（成年まで数ヵ月足りない）のケースについて，病院が輸血を含む医学的に適切だとみなす通常の治療を行うため緊急に裁判所の許可を求める事件が扱われる。少年およびその両親は病院の申立てに異議を唱えているのだ。しかし彼女は「私の判断では，彼の生命は彼の尊厳よりも価値がある」として少年およびその両親の要望を却下する。しかしその後，少年は18歳の成年に達した後，白血病が再発し，輸血を拒否して死亡するに至った。

　残念ながら，私は信仰と医療をめぐるこの困難な問題について的確な論議をする能力を有しないので，ここでは英国の一高級裁判官の職務と生活の実態について多少知り得たということしか記すことができない。

　⑦　ジーン・マリー・ラスカス，田口俊樹訳『コンカッション』(2016，小学館文庫)

　アメリカン・フットボールの元スター選手のコンカッション（脳震盪）に関する画期的・衝撃的なノンフィクションである。私が多年日本スポーツ法学会と深い関係を有することは前述した。で，ラスカスの本についても興味を惹かれ，刊行後直ちに購読した次第である。「とにもかくにも読んで興味の尽きない面白傑作ノンフィクション」という「訳者あとがき」の言葉の通りである。とりわけスポーツ法関係者にとっては必読書ともいえよう。（かねてイスラーム教のテロ組織に関心を有する私としては，ナイジェリ

アの「ボコ・ハラム」に関する簡単ながら有用な情報も得られた（406-407頁）ことは予想外の副産物だった。）

⑧　ジョイス・キャロル・オーツ，栃木玲子訳『邪眼　うまくいかない愛をめぐる四つの中編』（2016，河出書房新社）

著者はノーベル文学賞受賞の呼び声が年々高まっている米国の高名な女性作家という。法律家の立場に偏した読み方かも知れぬが，収められた四つの中編のうち後半の「処刑」と「平床トレーラー」がすこぶる興味深かった。

前者は大学生の不良息子が斧で父を殺害し，母に瀕死の重傷を負わせた事件を扱う。意識喪失直前に息子こそ真犯人だと語った母が，意識回復後の陪審裁判においてそれを完全に否定したことが最大の理由で，有能な刑事弁護士の活躍もあって息子は無罪評決を獲得する。母が供述を翻した理由は不明だが，その後は母と子が連れ立って日曜日の礼拝に教会へ赴いたりするのがお馴染みの光景としてみられたことを描く作品の終末部からは名状しがたい複雑な読後感を覚える。

後者は祖父から幼少時に性的悪戯を受けた若い女性の話である。その後の彼女は無意識的に頑強な性交拒否・恐怖症（？）に苛まれてきたが，この性的悪戯を初めて告白した恋人とともに，祖父を祖母の眠る墓地（墓参の折にそこでも悪戯が行われた）に呼び出し，恋人による祖父に対する致死的な暴力行為を容認したあげく，ホテルで完全な性交に成功したという話が語られる。

カトリック教会の神父による幼少年に対する性的乱行などがよく問題になるが，被害者の受けたPTSD（心的外傷後ストレス障害）の深刻・重大さは第三者の想像を絶するものがあると考えられ

る。とりわけ法・裁判に関わる者はこのことを銘記しなければなるまい。

⑨　角田光代『坂の途中の家』(2016, 朝日新聞出版)

裁判員裁判を取り扱うこの本はむしろ最初に取り上げるべきだったともいえる。たまたま読んだのがこの項の著作の中では最後に近いものだったゆえにこの位置に置くに過ぎない。

ヒロインは乳幼児殺人事件の被告人と年齢が近く，幼児を有する補充裁判員である。帯の惹句に「社会を震撼させた乳幼児の虐待死亡事件と〈家族〉であることの光と闇に迫る心理サスペンス」「最愛の娘を殺した母親は，私かもしれない。」とあるように，同書は裁判員裁判の描写——とくに補充裁判員の仕事について——もすこぶる有益だが，「心理サスペンス」の面が強い訴求力を有する。

子育てに苦悩するヒロインが被告人に自分を重ね合わせ，被告人のことを「たった10日間かかわった，私ではない女。いや，違う，もうひとりの私。自分で自分の人生をコントロールし損なった私。母親として生き抜くことができなかった私。」とまで表現することに，男の読者の私も一知半解のまま名状しがたい共感を覚える。このような本になると女性作家でなければ到底書くことが不可能なのではあるまいか。当初は裁判員裁判を扱う（おそらく）初めての長編小説ということだけで興味を惹かれて購入した本だったのに，子育てと家族という私自身が全く未体験の人生の難問について，図らずも85歳（執筆時）にして改めて真剣な考察を迫られる貴重な機会を与えられたことに感謝したい。なお，後掲注1）の終末部の余談も参照。

⑩　ピーター・シンガー，関美和訳『あなたが世界のためにできるたったひとつのこと〈効果的な利他主義〉のすすめ』(2015, NHK出版)

　この6月（2016年）の某日，区の地区センター図書室の新刊書のコーナーにあるのを拾い読みしてその内容の重要性に気付き，あわてて購入した本である。著者は「最も影響力のある現代の哲学者」（ザ・ニューヨーカー誌）と称され，「世界の最も影響力のある100人」（タイム誌）の一人に選ばれている応用倫理学者である。そして同書は平易な表現のうちに高度の倫理的問題を論じており多大の教示と示唆に富む（かねて有名な設例として「トロッコのジレンマ」の項目（105頁以下）参照）。

　実は，私はこれまで何度も自筆証書遺言を書き変えてきたが，近日中に最終的な公正証書遺言を作成する予定である。家族が無く兄弟姉妹以外に相続人のいない身なので，ささやかな遺産の大部分は国内外の組織・団体に寄付するつもりだ。もっと早く同書を読んでいれば良かったかと思うが，わが遺言の内容が基本的には同書の与える助言の路線から乖離するものでないことを知って安堵しているような次第である。

⑪　前述（8，18頁）した『テロリストの息子』，『ホセ・ムヒカ　世界でいちばん貧しい大統領』や後掲注1）掲記の諸作品も実はほとんど拙著の校了後に読んだものであるが，すでに言及しているので再言は避ける。

5. 小幡清剛『障害者の〈生〉——法・福祉・差別の人間存在学』（2016，萌書房）について

　同書の著者小幡教授については，『検証Ⅱ』294頁以降で言及しているが，先日氏からその最近著である上掲書を恵与された。A5版で350頁を超える素晴らしい内容の力作である。半呆けの頭を振り絞って一応読了し，多大の教示と示唆を与えられた。門外漢の私ごときに同書を的確に紹介する能力があるとはとても思えないが，法律家・法学生や裁判員（候補者）にとって極めて有益な著作と信ずるので，同書の理解に資すると考えられるその目次（章レベルのもの）と献呈本の同書に添付された「尊敬する皆様へ」と題する肉筆の文章（やや長文だが省略が困難）を以下に掲載させていただくことで内容の紹介に代えたいと思う。ちなみに，能天気な健常者として半生を過ごしてきた私も85歳（執筆時）に達した今は，一人二役の老老介護に苦労する一種の後天的身障者である。それだけに自身重複障害者の著者の言わんとするところがある程度まで"体解"できるような気がするのである。

　まず目次は以下の通りである。

はじめに
第1章　フーコー／イリイチ／ゴフマン
第2章　《切断》——人間と人間を切り離す
第3章　《無化》——人間の存在を無くす
第4章　ゴフマン／フーコー

第1　残響『検証・司法制度改革 II　裁判員裁判・関連して死刑存廃論を中心に』　35

　第5章　《内閉》――聖なる〈内面〉に閉じ籠もる
　第6章　《弛緩》――思考の緊張が緩む
　第7章　《比喩》――障害者を「愚かなもの」の喩えとする
付論
むすび
注
＊　大江健三郎への奇型の手紙
　　――「あとがき」にかえて
謝辞

「尊敬する皆様へ」の全文は以下の通りである。

　このたび拙著『障害者の〈生〉』が完成しましたので，一部お送りいたしました。このような突然の非礼，何とぞ，おゆるし下さい。
　私，小幡（小畑）清剛は，一応，法哲学徒のつもりでおります。ただ，大学院，助手時代に学説が真正面から対立した指導教官のひとりから，学会参加・発表の禁止を厳しく命じられてしまいました。また，姫路独協大学への就職の際も，「法哲学を教えない」という条件を課せられました。その他，様々なハラスメントを受け，私自身が法哲学を研究することが精神的に少しずつ苦しくなり，その結果研究対象を法哲学→法社会学→法人間学→人間存在学と変化させてまいりました。本書はまさにその人間存在学の作品と言うことができると思います。
　昨年亡くなった母も，私自身も重複障害者です。その意味で，

本書には，良かれ悪しかれ，私自身の経験も反映していることと存じます。そのため，私自身の，「実存」を賭けたと言えば大げさになりますが，私なりに頑張って書いたつもりでおります。内容は貧しいものですが，ご一読下さり，厳しいご批判など賜れば，幸甚に存じます。上記のような事情で，現在，大学や学会とは縁が切れてしまっております私に，勇気を与えて下さいますよう，何とぞよろしくお願い申し上げます。

　私の目・手・足の障害の悪化，八年前からの老父の寝たきり（四年前に死去），父の亡くなった直後に母に次々とガンが見つかったこと等々の悪条件が重なり，この八年間は一人息子で独身である私が，父母の介護，看病・病院通い，みとりとすべてひとりで行なわなければならなくなりました。その間，実質的に収入はゼロとなってしまいました。障害のある私でも通える近くの大学への転職のチャンスも何度かあったのですが，その指導教官がきわめてアンフェアな裏工作を行ない，妨害し続けました。ひとりの人間を社会的に抹殺することは，とても残酷なことだと思います。そのような事情ですので，本書を執筆するために必要な文献も，その多くをBOOK-OFFの108円均一，200円均一等の古本をあさって集めるという，実に恥ずかしく且つ情ない状態に陥ってしまいました。図書館も，研究室も，研究費も何もない状態での執筆でしたので，「必読文献に目が通されていない」というお叱りの声が聞こえてきそうですが，この事情を是非お汲み取り下さり，お許しいただければ幸いです。

　人間存在学は，確かにえたいの知れない，ヌエ的な学問領域です。このような著作を刊行することは，出版社にとっても，著者

にとっても、リスクの大変に高いものとなります。萌書房の白石社長は、私との友情から、採算を度外視して、本書の刊行を決断して下さいました。また、収入ゼロの私も、出版にどうしてもかかる必要経費の負担をかえりみず、本書の刊行を希望しました。そのような私の判断は「愚かなこと」と思われるかもしれません。その「愚かなこと」を私が敢えて行なったのは、ひとえに、障害者として苦労した母の「生きた証し」を残してやることができるのは、息子である私しかいないと考えたからでした。なぜなら、例えば、大江健三郎氏のように、「先天性障害者」＝「奇型」に対するとんでもない差別的な想像力を自慢げに記して、堂々と「奇型という弱者への偏見・差別」を助長している知識人が現実に存在していることに、私が耐えられなかったからです。大江氏は、母の人間としての尊厳を平気で傷つけています。大江氏以外にも、いわゆる「進歩的文化人」や「良心的知識人」と目されている人も含めて、「障害者の〈生〉」は不当に貶められているのです。私が、本書をどうしても出版したいと考えたのは、そのような不当な現状を皆様に問いかけ、障害者をめぐる環境を少しでも良い方向に進めたいと願ったからであります。

　本書は確かに、えたいの知れない、ヌエ的な著作です。ただ、本書によって既存の障害学の弱点と言うべき人間存在の分析が多少なりとも深められているならば、これにまさる喜びはありません。おそらく、今、本書を手にして下さっている先生のご専攻と、本書の内容は、ピタリと合致することは期待できないと思います。それでも、もし、良心的な出版社を応援する意味でも、また「障害者の〈生〉」をめぐる人間存在学を発展させるためにも、先

生がご奉職なさっている大学・研究所・施設などの図書館に一部ご購入いただければ，これほどうれしいことはございません[7]。また，厳しく批判的なもので結構でございますので，是非，本書についてのご書評[8]など賜われますならば，家族なし・定職なし・収入なしの「三無生活」を余儀なくされている私にとって，生きる力を与えていただけることになります。私自身，現在，身体はガタガタ，経済状態はスカスカというところですが，皆様から勇気づけていただけると，もう少し頑張って研究が続けられると思います。勝手なお願いですが，何とぞよろしくお願いいたします。

　不順な天候が続きますが，くれぐれもお体を大切に，ご自愛下さいませ。

　京都市 xxxx　小畑清剛
　　〔小幡は亡父が望んだペンネームです〕
　＊　父母の介護等で私の手の障害が悪化したこと（特に冬はペンもなかなかうまく走らせられません）や，父・母と相ついで亡くなったこともあり，ここ数年は年賀状も書くことができませんでした。年賀状をいただきながら，ご返事できなかった方に，この場を借りて，おわび申し上げます。（2016年3月記）[9]

6. 行政学者の法科大学院論――新藤宗幸「揺らぐ法科大学院　責任はどこに？」『UP』523号（2016年5号）について

　最後に，『検証Ⅰ』のテーマである法科大学院・法曹養成に関する論考を一つ取り上げて紹介・検討しておきたい。それが上記表題の新藤論文である。

法科大学院設置をめぐる論議の過程について，私は山本七平氏の『「空気」の研究』を援用し，「いま法科大学院に関する大学（人）の言動を目撃して山本説の正しさが例証されていることを痛感せざるを得ない。日本的知性の限界を思い知らされた気がする。この問題と真剣に対決することなしには，司法制度改革は結局この国に豊かな結実をもたらさないのではないかという不吉な予感さえ覚える。」と書いた。（『検証Ⅰ』13頁）

新藤論文は大学法学部の教員としてその渦中にいた体験に基づき実態を生々しく語っている。「法科大学院の開設を議題とする法学部教授会は，毎回異様な雰囲気だった。学部長は，ここで法科大学院の設置に乗り遅れたら，法学部の存立にかかわると熱弁を振るった。実定法のスタッフもまた，つぎつぎと学部長の発言に同調していった。」（25-26頁）云々。また氏は，法科大学院が学生にとって過大な費用負担を要求することになることやそれに関連する問題点についても論及しているが，この点もまた私がつとに指摘したところである（『検証Ⅰ』14頁）。

このようなわけで，私は同論文の最後の項目「『行政の失敗』の責任を問う」以外の部分については氏の見解におおむね強く同意する。しかし，「法科大学院なる制度は，近年における『行政の失敗』のひとつの典型ではないだろうか。」（28頁）とする立場から「いま，明らかに求められているのは，法曹養成のあたらしいシステムを文科省のみならず，政府，法曹界，学界が，真摯に構想し設計することである。」（29頁）という氏の結論については到底賛同することができない。

法科大学院・法曹養成に関する論議はすでに出尽くしていると

いってよい。大切なことは，法科大学院発足当時の初志に立ち返って3,000人説の実現に努めることである。法科大学院制度はこの国のかたちを縦社会から横社会に変える潜勢力を有している。そしてこれ以外にこの国のかたちを変える方策は私の知る限り存在しないのである。

「法曹資格を有する者の転職の現実的可能性が，次第に縦社会のこの国を横社会に変えて行く。……その変化は緩慢にあるいは急激に生ずるだろうから，軽々な予測を許さないけれど，遅くとも1世代30年を経たこの国は現在の縦社会から横社会に実質的に転換していることだろう。……法科大学院の廃止や縮小を主張する論者はこの理を悟るべきである。」(『検証Ⅰ』9頁) 賢明な新藤氏にはぜひこの理を悟って欲しいと切望せざるを得ない。

また氏は，「そもそも司法制度改革審議会の『最終意見書』は法曹増員の必要性は語ったものの，司法界のどの分野に増員を必要とするのかをしめすものではなかった。……日本の司法界でもっとも増員を要するのは裁判官であるといってよい。これについてはいずれ論じることにする。」(同頁) という。失礼ながらこれは全くピンボケの論である。縦社会をそのまま維持したままのキャリア裁判官システムを自明の前提とした議論としか思えない。ここを読んだだけでも氏が司法制度改革の基本中の基本について無理解であることを暴露している。私は氏の裁判員制度批判について「行政学者の氏に刑事司法の改革に関する問題の所在が的確に把握できていないのは当然かも知れない。」(『検証Ⅱ』80頁注54)) と評したが，司法制度改革の問題は行政学プロパーの知見ないし行政学的アプローチだけでは生産的な寄与を果たし得な

いのである。決して司法関係者，法専門家以外の人の司法制度改革の論議への参加を排斥しようとするような独善的態度をとるつもりはない。当然ながら国家権力＝三権の一つである司法の制度改革の論議は全ての国民が等しく発言権を有するテーマである。行政学者の氏が司法の問題をキチンと学んだうえで，行政学の立場から司法制度改革に寄与してくださるならばとても有り難いことだ。しかし，これまでの氏の司法制度改革に関する発言からはどうもそうした思考がほとんど感じられない──私の偏見か？このままでは，氏の発言は単なる雑音に終わってしまいかねないと思う。

　氏はその著書『司法官僚　裁判所の権力者たち』(2009, 岩波新書) の「あとがき」でいう。「行政学は行政官僚機構に研究の焦点をあてている」が，「司法官僚機構さらにいえば国会官僚機構におよんでいない。」この「行政学研究への『自省の念』が同書執筆の動機でもあった。」と。行政学は官僚機構研究を焦点（の一つ）とする学問のようである。しかし，司法制度改革は官僚機構を超えてこの国のかたちを変える現実的可能性を秘めているのである。官僚機構はその国のかたちと不可分的に連動している。縦社会のこの国を横社会に変えることなしには官僚機構の抜本的改革は結局不可能なのである。このことを自覚したうえでの法科大学院，法曹養成制度改革への提言でなければそれはやはり非生産的な雑音と評するほかない。

　（東京新聞 2016 年 1 月 27 日（水）朝刊 5 面「私説　論説室から　彼の遺志を生かさねば」（久原穏記）は，志賀櫻弁護士の経歴・業績とその早すぎる死（享年 66）について語る注目すべき記事である。志賀氏は東大

法学部在学中に司法試験と国家公務員上級職試験に合格し，大蔵・財務官僚として各種の要職を歴任したうえ，司法修習（58期）を経て弁護士（第一東京弁護士会）となり，「民間税調」の牽引車的存在などとして活躍してこられた人である。志賀氏はまさに縦社会を横社会に変える動きの優れた例証そしてパイオニアと称すべき存在といえよう。なお，前記庭山論文に対する言及（17頁）も参照。）

7. おわりに

以上，実に雑多なことを書き散らしたようだが，司法制度改革とりわけ『検証・司法制度改革 II』で扱ったテーマとの関連からは多かれ少なかれ離脱しないよう努めたつもりである。「残響『検証・司法制度改革 II』」というこの雑考の題名はあながち羊頭狗肉ではないと信じ，本稿を読者の手に委ねる次第である。

余談に満ちたこの雑考の終わりにふさわしく，少し余談を書かせていただく。今の私は車椅子利用の一歩手前という有様である。三本脚で歩くペースは幼稚園児にも劣り，まるで「人間カタツムリ」のようなものである。私は在宅の日の夕食は二十数年来行き付けの家族的レストランで摂るのを例としている。（実は店主の女性が老齢のため1年ほど前から閉店しているのだが，私だけ例外的に一種の顧客なのである。現在の食事は二世帯同居の長女が担当しているが，母と同様に野菜中心の美味な料理を提供してくれる。私はここの食事で生き長らえてきているようなものである。）自宅からその店までの距離は1キロ半程度かと思うが，緩やかながら坂道が多く，中間辺に俗称「タヌキの森」という小さな樹林があり，とくにそこを越えるのは難儀である。現在ではこの距離を歩くのに実に約1

時間もかかるのだが，なるべく歩いて行くようにしている。帰りは先方の車で送ってもらう。家を出る時は人間カタツムリの足で果たして到着できるか不安に思いながらも辛抱して歩き続けると1時間後には無事辿り着ける。知的な仕事も同じで，たといカタツムリの歩みでも続けていればいつかは必ず目的を達成できると信じている。それは体験的確信とでもいうべきものになりつつある。この雑考はおおむね年初以来半年ほどの人間カタツムリの知的歩みの報告書である。

（ゴミの山のような本の集積の中から1冊が顔をのぞかせている。手にとって見ると美達大和『人生を変える読書　無期懲役囚の心を揺さぶった42冊』（2015，廣済堂新書）である。彼は2件の殺人事件により無期懲役囚としてすでに20年以上服役している。強固な死刑賛成論者の彼は贖罪の一つとして社会に出ないと決めて仮釈放の対象にならない処遇を選んだのである（彼については拙著135，237-238頁等参照）。同書は無類の読書好きの彼が若い人向けに書いた本。社会人時代にサラリーマンや金融業等の経営者として多彩・豊富なビジネス活動の経験を有するその経歴を反映して，同書には経済的側面等についても有用な内容が盛られている。この雑考の余談を同書の紹介で結ぶことにしたい。なお，ブログの「無期懲役囚　美達大和のブックレビュー」も面白く有益である。）

　稿を終えて読み返してみると，冗長な部分が目につくうえに，図らずも私自身の生活内容の恥曝しな露呈というべき箇所も少なくない。が，前者は高齢ゆえの止むを得ざる精神の弛緩でご海容を乞うほかなく，後者は凡人にとって生きることは所詮恥を曝しながら暮らすことでもあるから，そんな記述も年少の読者のため

には一種の反面教師的役割を果たし得るかも知れない，と弁解させていただく。

注
1)　辛口の批評で知られる斎藤美奈子氏は「エッセイの執筆っていうのは，想像以上に過酷なジャンル」（後掲の『米原万里ベストエッセイⅡ』の解説228頁）だという。（エッセイはエッセーとも表記される。本書では別にその統一にこだわらない。）

　　ところで，最近は女性のエッセイに優れたものが多いようである。別格の最高峰というべき先駆者は，没後10年を記念して『米原万里ベストエッセイ　Ⅰ』，『同Ⅱ』（いずれも2016，角川文庫）が刊行されている米原万里氏だと思うが，あまりにも高名な彼女のことはここではひとまず措くとしよう（上記斎藤解説は是非とも参照）。私はとりわけ酒井順子氏の一連の作品が好きである。例えば，『儒教と負け犬』（2012，講談社文庫），『紫式部の欲望』（2014，集英社文庫）など（前者には社会学者の上野千鶴子氏，後者には作家の三浦しをん氏の解説があって有益である）。

　　素人の印象批評に過ぎないが，文芸一般について最近は女性の作品に傑出したものが多いのではあるまいか。私の狭い読書体験からほんの一例を挙げても，篠田節子『聖域』（1999，講談社文庫），『ゴサインタン　神の座』（2002，文春文庫），『弥勒』（2001，講談社文庫）など，いずれも重厚長大の傑作に圧倒された記憶が鮮烈である（私が読んだのはつい最近の話）。彼女は大学卒業後八王子市役所に勤務しながら30歳代に入ってから朝日カルチャーセンター小説執筆講座や講談社フェーマススクール・エンターテインメント小説教室（ここの山村正夫教室では宮部みゆき氏と同窓生とのこと）で学び，35歳で第3回小説すばる新人賞を獲得，その後退職して作家業に専念という経歴の持ち主である。どちらかといえば遅咲きの作家であろ

う。しかしその後の作家活動はまさに驚嘆に値する。人間の才能の不可思議さを思わざるを得ない。ちなみに，動物行動学者日高敏隆博士との共著，日高敏隆／篠田節子『往復エッセー　人間について』(2014，産経新聞社) における彼女のエッセイも出色のものである。この注記では最初から半呆け老人の悪い癖でつい余談をしてしまった。ご海容を乞いたい。

　とお詫びしながらも，もう少し余談を続けさせていただく。最近の私はどうも男よりも女性のほうが一般論として偉いのではないかという思いに囚われている。これは85歳（執筆時）まで独り暮らしを続け，男女・夫婦の有り様を比較的公平に観察してきた（つもりの）者の結論だ。もちろん私のような立場の者は男女・夫婦間の機微にわたることまでは知り得ないだろうから観察が表面的に終わっている，という負の面があることも自覚しなければなるまいとは思うが。このような女性の男に対する優位性の最大の根拠は，女性は人生において結婚や出産（そしてそれに伴う母親としての育児）という全人格的で不可逆的な決断を迫られるのに対して，男はそういうことがなく観念的に人生の問題を決められるので，結局「とっちゃん坊や」的に能天気な人生を過ごすことができるためではないか，と考えている。もちろんこれはまさに私自身のことでもある。この想念が私の独断・偏見か，それともある程度まで一般性・客観性を有するものかどうかは読者のご判断に委ねたい。

　しかし，女性のほうが男よりも偉いということを男たちは本能的に理解しており，周到に男優位の社会を構築しているのではないかとも疑われるのである。例えば，NHKの『クローズアップ現代』で23年間キャスターを続け，本年（2016年）3月に降板した国谷裕子氏は，「『クローズアップ現代』に突然の終止符を打って」（婦人公論1447号（2016年5月10日号））の中で職場における女性の窮境について語り，「働く女性たちは，なぜこんなに悔しい思いをしなければならないのでしょうか。」と書いている（60頁）。

私はテレビをほとんど見ないのだが，彼女のこの番組は大好きで，ほとんど欠かさずに視聴してきた。そしてしばしば，この抜群の女性キャスターの有能さに嗟嘆の声を発した者である。その彼女にこんな嘆きを抱かせる男社会の問題点を反省せざるを得ない。
　こう考えてくると，この余談も法ないし裁判の問題を考えるときにあながち無益とは思えない。くどくどと書きつらねたゆえんである。(この箇所を書き上げた後，彼女が「放送人グランプリ2016」(放送人の会主催)および第53回ギャラクシー賞特別賞(放送批評懇談会主催)を受賞されたことを知り，わがことのように嬉しかった。)
　(この注記を書きながら，夏目鏡子述，松岡譲筆録『漱石の思い出』(1994，文春文庫)を思い出している。同書によれば，漱石の妻である彼女は夫の「強度の神経衰弱」が惹起する激しいDVや幼児虐待に堪え抜いて妻としての務めを全うしたことが知られる(彼の上記病状は精神医学上の興味深い研究対象になっているようである)。漱石の幼児虐待の一端については夏目伸六『父・夏目漱石』(2016，文春文庫)がそれを裏書きしている。著者は父に対してその生前も死後の今もほとんど愛情らしい感情を抱いていないという。そして，まだ小学校に上がらない頃，理由も分からずに父の一撃を受けて路上に倒れ，「下駄ばきのままで踏む，蹴る，頭といわず足といわず，手に持ったステッキを滅茶苦茶に振り回して，……全身へ打ちおろす。」(15頁)といった暴行を受けたことを記している。漱石が日本の誇る代表的大文豪であることは自明の事実として，その人生をしっかりと支えた妻の存在の大きさもわれわれは正当に評価する必要があろう。しかるに，彼女については逆にかねて悪妻の名が高いのである(『漱石の思い出』の半藤末利子氏の「解説」(460-461頁)，『父・夏目漱石』298-299頁，半藤一利氏の「解説」(332頁)など参照)。)
　なお，前掲(33頁)のピーター・シンガー『あなたが世界のためにできるたったひとつのことのすすめ』の第15章(最終章)「人類の滅亡を防ぐ」は，「絶滅リスクを下げながら，今でもすぐに見返り

が期待できる活動は，女性の教育と自立支援です。というのも，女性は基本的に男性より攻撃的でないからです。国内や海外の事案に対する女性の発言力を高めれば，核戦争のリスクも減るでしょう。女性を教育すると，子供の数が減り，子供たちはより健康になることが証明されています。そうなれば，世界人口が持続可能なレベルで安定する可能性も高まります。」(222頁) と結ばれている。実は今読んだばかりなのだが，この注記の最後に加えておきたい。(橘玲『言ってはいけない残酷すぎる真実』(2016, 新潮新書) は，男が女性に比べて圧倒的に凶暴である事実を統計的に明示している (74頁)。なお，村上春樹『村上春樹，河合隼雄に会いにいく』(1999, 新潮文庫) の中の河合発言 (142頁) 参照。

1-a) 航空宇宙工学者の加藤寛一郎博士は「かねて私は40歳を過ぎれば若者と局地戦 (論文書き) で争っても勝負にならないと考えていた。」「私は老いて業績を示すには若い連中の経験が乏しい分野で戦うべきだと考えた。私は50歳のころから教科書や一般向けの本を書き始め」た(同「新聞から学んだこと」東京新聞2016年7月5日(火)朝刊27面) と書いている。理系と文系で程度の差こそあれ，この見解は一般論として文系の研究者についてもほぼ妥当すると思う。なお，80歳を過ぎた氏 (1935年生まれ) は37歳から空手を続けており，67歳から11年間はほぼ毎日ボクシング・ジムにも通ったという。氏には到底及びもつかないが，いささか空手その他の古武道をかじった経験のある私としては，氏に畏敬と讃嘆の念を禁じ得ない。

2) 佐野洋子『死ぬ気満々』(2013, 光文社文庫) の中の著者と平井達夫医師との対談における平井氏の発言に「55歳以上では個人差がすごく大きくなってきます。生活習慣により状態がいい人は元気だけど，悪い人はどんどん悪くなる。」とある (117頁)。だとすれば，80歳代の個人差はまさに極端に大きくなるのではあるまいか。

ちなみに，1923年生まれで90歳をとうに過ぎた知の巨匠といわれる外山滋比古氏は，今でも毎日早朝の地下鉄に乗って都心まで行

き，皇居のまわりの周回道路を散歩するという（同『乱読のセレンディピティ』（2016, 扶桑社）202頁）。氏よりもずっと若い私は本文の「おわりに」で書いたように，車椅子使用寸前の人間カタツムリのようなもので，歩くペースは幼稚園児にも劣る有様である。彼我の間にはまさに天地雲泥の差があるといえよう。しかし，ごく最近の精密検査の結果でも私の身体には持病（気管支拡張症）は別にしてとくに異常は見当たらず，掛り付けの医師は，85歳の人間としては立派なものだと褒めてくれた。まあ「一病息災」の典型か。わが天運の有り難さにひたすら感謝である。外山氏のケースは稀有の例で羨む必要なぞ全くないと愚考している。

3) 司法研修所の民事裁判教官の某氏から3Y主義に関する拙稿（「『在野精神とは何か』あるいは法曹の資質に関する一管見」拙著『裁判法の考え方』（1994, 信山社）所収）をコピーしてクラスの修習生全員に配布することの承諾を求められ，喜んでOKしたこともあった。

4) 引用文に引き続いて，行政書士と司法書士との争いが頂点に達した福島事件の事例を紹介した。この事件では最終的に最高裁で被告人＝行政書士に対する有罪判決が下された。なお，この引用文は司法制度改革審議会意見書が出る前に発表したものである。

5) 私はひそかに前述した久保利氏や高木氏とともに波多野氏を弁護士界のスーパーマンではないかと思ってきた（法曹界，法学界には私なぞ足元にも及ばぬ傑出した方々が他にも少なくないが）。ちなみに，二弁のとくに仲裁センター関係者の間では「3奇人3H」という噂が流れていたようだが，これは原後山治，波多野二三彦両氏に加えてなんとこの私＝萩原を指すのだという。しかし，私を入れたのは単なる数字・言葉合わせのためだろう。たしかに両氏は「大」奇人の名にふさわしいが，私ごとき平々凡々たる人間が奇人だったら，弁護士界は奇人で溢れてしまうのではないか（自分のことは自分では良く分からないから，多少は変わり者なのだろうと思うが）。

6) スウェーデンの推理小説には世界的なベストセラーになったもの

が少なくない。最近のものの邦訳を挙げても，スティーグ・ラーソン，ヘレンハルメ美穂ら訳『ミレニアム』の三部作（いずれもハヤカワ・ミステリー文庫），ヘニング・マンケル，柳沢由美子訳『殺人者の顔』（創元推理文庫），前掲（6頁）『白い雌ライオン』などがある。また，新人の作品であるエミリー・シェップ，ヘレンハルメ美穂訳『Ker（ケール）死神の刻印』（2015，集英社文庫）も早晩国際的な注目を浴びるのではないかと予感する。

　　最後のエミリー・シェップの作品の「訳者あとがき」によれば，同書は著者のデビュー作で当初は自費出版で刊行されたが，たちまち話題を呼び同書の続編も刊行されており，「世界的な北欧ミステリーブームに湧くスウェーデンのミステリー界でも異色のサクセスストーリーである。」(563頁）という。また，ここで訳者が「スウェーデンでのミステリーは，娯楽であると同時に，現実社会について貴重な知見を与えてくれるもの，という地位も獲得した」(557頁）と述べていることが注目に値しよう。

7) 著者のお勧めに応ずる貧者の一灯として，同書を3部購入し，1部は「神奈川大学図書館」，1部は「東京弁護士会・第二東京弁護士会合同図書館」に寄贈させてもらった（もう1部は敬愛する某畏友への贈り物とした）。

8) 私には書評をする能力など全くないが，『神奈川大学評論』あたりでしかるべき適格者に書評をしていただければ有り難いと思う。その資格は十分にある著作だと確信する。なお書評をしてくださる方には書評用に僭越ながら1本を購入・寄贈させていただくつもりである。

9) 憲法学者の故奥平康弘氏は小畑氏の良き理解者であったとのこと（同書2，361頁等参照）。奥平氏はその晩年の数年間神奈川大学短期大学部の特任教授職にあった関係で私もかなり親交を有していた。また，小畑氏が京大大学院時代に指導を受けた法社会学の棚瀬孝雄教授は私の敬愛する年来の知己であって，最近の私への書信の中で

小畑氏のことをすこぶる高く評価していた。

　この機会に棚瀬氏のことについて少し語っておきたい。彼は多くの優れた学問的業績を産出した法社会学者であるが，法学部在学中に司法試験に合格しており，現在では弁護士として大活躍をしている。基礎法学者から弁護士実務に転じて成功を収めた人は少なくとも日本では他に例を見ないと思う。彼の恩師の川島武宜博士は東大の定年後は弁護士をしていたが，それは大学時代の教え子たちにガードされたものだったようである。私の司法修習同期の原後山治弁護士は「弁護士としての川島先生の助言者は，理論面が大野正男（元最高裁判事），実際面はオレだ」とよく語っていた。これはおそらく本当の話だろう。私は旧建設省中央建設工事紛争審査会の特別委員をかなり長い間務め，また先生を柱にした弁護士中心の研究会にも参加していた（研究合宿でご一緒に民家に泊まったこともある）。

　仄聞するところによると，棚瀬氏は川島先生の後を継いで東大法学部の法社会学の教員になるはずの人だったが，何らかの事情で東大から離れ，他大学を経て京大法学部の教授として学者生活を送ったという話である。いずれにせよ，弁護士としての彼は恩師をはるかに凌駕する存在になったというべきだろう。彼は人柄も素晴らしく私の大好きな法学者，法実務家の一人である。

附　記　その①

　執筆を一応終えた今（2016年6月）もなお，震度5弱の地震があり，今後ともこのような大地震が起こり得ると予測されている熊本地震のことが念頭を離れず，名状しがたい思いに駆られる。でも，車椅子一歩手前の身体の半呆け老人の私は何のお役に立つこともできない。8月18日横浜港出発予定のピースボート第92回世界一周クルーズへの参加は自粛して見合わせるべきかとも考えたが，すでに旅行費用全額の支払いを了しており，一市民の消費活動もささやかながら回り回って被災地を含むこの国全体の経済の運行を支えているのだろうから，これを中止しても

意味があるとも思えない。私にできるのは，サポート会員をしているピースボート災害ボランティアセンターを通じて貧者の一灯の些少な寄付をさせてもらうことぐらいかと思い定め，そうした次第である。

謹んでこの地震に関連して亡くなられた方々のご冥福をお祈りし，様々な苦難に耐えて生活しておられる被災者の方々にとって事態が速やかに少しでも改善されることを切にお祈り申し上げる。

附　記　その②

この附記は明るいニュースである。最近，図らずもスウェーデン法に関心を有する人とお会いする機会が二つ持てた。一つは年来のスウェーデン法研究の同志である坂田仁博士，デンマーク法研究のパイオニアで，近時スウェーデン法に深い関心を注いでいる刑法学者松澤伸教授との集いで，もう一つは現在スウェーデンのルンド大学法学部に在学中のヨハンソン絵美氏が帰国されたので１年ぶりに再会したことである。どちらも私の行き付けの横浜ベイシェラトンホテル８階の日本料理店「木の花」で懐石料理を賞味しながら，歓談することができた。私や坂田氏よりもずっと若い松澤氏，さらにもっと若い絵美氏などによってスウェーデン法研究の分野はますます豊饒になることが期待される。嬉しい限りである。

絵美氏についてはもう少し書き足しておこう。彼女は早稲田大学国際教養学部の出身。すべて英語で授業を行い，学生の３分の１は海外からの留学生というこの学部で育ったことが大きな原因だろうが，スウェーデン語の表現力も抜群である。最近のルンド大学学生新聞に２篇の寄稿をしており，その１篇は，憲法９条（および広島・長崎の原爆被害体験）との関連において違憲の疑いが強い昨年の自衛隊法等の改正を実現した日本政府と与党の言動を批判的に考察したものである。2015: 70 ÅR EFTER ATOMBOMBEN, VÄCKS ORO FÖR JAPANS DEMOKRATI OCH RÄTTSÄKERHET, Dissidenten, Nummer 4, 2015, Juridiska Föreningen i Lund, s. 18-19.

（2016 年 7 月中旬了）

『検証 Ⅱ』の誤記訂正について

『検証Ⅱ』には，気付いた限りで二つの誤記が存在する。謹んでお詫びして訂正させていただく。

一つは，197, 271 頁で「最高裁（第三小法廷）」と表示したが，これは誤りで「最高裁（第一小法廷）」が正しい。実はこの誤記に気付いたのは元最高裁判事で日本法律家協会会長の金築誠志氏からのお礼状の中のご指摘による。氏はこの判決における構成員の一人なので，本当に申し訳ない次第である。記して氏にお詫びと感謝の意を表する。

もう一つ，303 頁の「『スウェーデン法律用語辞典』について」のうち 267 頁の項の「正」の inckusion は誤りで inclusion が正しい。視力と注意力の低下による単純ミスを恥じる。

（この点については本書末尾で再言する。）

第2

残響の残響?と落穂拾いなど

1. 残響の残響?

 第1掲載の神奈川ロージャーナル9号が刊行されたのは昨年（2016）の10月末日，私が実際にこれを入手し，若干の知友・同学の諸氏にお送りしたのは12月初旬に退院してからである（この間の事情については**第5**とくに10月19日（水）の項以下を参照）。それゆえ，本稿執筆時の17年2月初旬の時点では二，三のお礼状は別として，これに対する残響として特記すべきものには接しない。そもそも単行本と異なり，たかが一篇の論文もどきに対してそんなことを期待するのは僭越至極というべきだろう。

 ただ，『検証 II』に対する馬場健一教授の書評（神奈川大学評論84号―2016年）については同号が**第1**の執筆後に刊行されたので，**第1**では言及していない。で，残響の残響というのは正しくないが，以下，この書評について私見を書いておきたいと思う。

 まず，ご多忙を極める中でご高評を賜ったことに心から謝意を表する。しかもすこぶる好意的な内容で，とりわけ末尾の「裁判

とは何か……」について「著者らしい真摯さと批判精神，円熟した学識に満ちた小品として，入門書の域を超え法学関係者にも必読である。」とまで激賞してくださったことは，はるか年長の私に対する思いやりに基づく過褒の言と承知しながらも，10年前に出したこのブックレットを拙著に併載することに不安の念を捨て切れなかった私にとって嬉しい限りである。

　しかし氏は，卑見に対する疑問点として，死刑存置論に立ちながら，死刑囚からの再審請求は無条件に認めることとし，かつ再審請求には自動的に執行停止の効力を付与すべきだとする点を提示する。死刑冤罪根絶のためとはいえ，このような制度は，死刑廃止論者はもとより，死刑存置論者からも不正義だとして批判されかねないのではないだろうか，と批判される。そして次作を書き，その中でこの批判を完膚なく粉砕して欲しい，と私の反論を誘発しておられる。老耄の私の研究を少しでも激励してやろうという意図がありありと感じられる文章である。

　残念ながら，私にはとてもこの疑問を粉砕できるほどの反論を書く自信などないけれども，この問題について一応考えていることを述べてみたいと思う。

　根本的な問題は，刑罰とは何かというアポリアである。私は単なる応報刑論にも教育刑論にも与しない。しかし，犯罪の動機は多種多様であり，限られた時間と証拠資料に縛られて判断をしなければならぬ刑事裁判において量刑上正確な動機の解明は不可能に近く，主として行為の外形に基づき一種の応報的正義の実現に努めるほかない，と考えてきた。この考えは図らずもスウェーデン刑事法（学）における犯罪に均衡した刑罰を科さなければなら

ないとする「均衡原理」に合致するものである。「スウェーデンにおいては，処遇的な観点は裁判官が量刑する段階では取り外されており，そこあるのは均衡性と応報的な観点」だといわれているのである（詳しくは**第1**（22頁）参照）。

　ここで附言しておきたいのはテロリストやサイコパスに対する刑罰である。自爆テロも辞さない自称ジハーディスト＝テロリストや殺人に良心の呵責を感じない類いのサイコパスは死刑すら恐れないだろう。だからといって，彼らに対して死刑を含む刑罰を科すことは無意味だと考えるべきなのか。彼らは完全な刑事責任能力を有しているのに。

　なお，サイコパスについては最近，中野信子『サイコパス』（2016，文春新書）という好著が刊行された。これを読んで私の狭いサイコパス観は大きな修正を迫られた（サイコパスには優れた人が多く，あの聖女マザー・テレサもそうだったのではないかという指摘があるという）。しかし，犯罪と刑罰に関する上記の拙論はそのまま維持できると考える。また，「司法の素人に判断させる裁判員制度も，弁舌に長けたサイコパスの存在を考えると，危険きわまりない司法制度」という同書の主張（186頁）は，陪審制と裁判員制度とを同一視する基本的誤りを犯していることを指摘しておかなければならない。

　関連して以下のことも附言しておこう。先日，東京新聞 NIE コーディネーター・神部秀一氏による「死刑制度を考える」という文章を読んだ（同紙 2017 年 1 月 24 日（火）朝刊 27 面）。それによると，東京未来大学においてこのテーマで出前授業を行い，日弁連の「死刑制度廃止宣言」（2016 年 10 月）に関する賛否様々な意

見を掲載する新聞各紙の記事を学生に紹介して死刑制度の廃止について熟考してもらったところ，学生29人の判断は，死刑賛成が23人，反対が6人になったという。同氏は「各種の世論調査でも7-8割が死刑賛成という結果なので，今回の結果も世論並みといえる。」と書いている。この学生たちの判断のありようはすこぶるサウンドだと思える。そもそも日弁連その他の死刑廃止論が一面的に過ぎることは私がつとに指摘したところである。

死刑廃止を揚言する刑事法学者や日弁連が私見を真剣に検討してくれたのかどうか知らないけれど，私はどうも賛成論者の知的怠惰を責めたくなる気持ちを抑えることができない。私見に対する明示・黙示の批判は寡聞にして全く知らないからである。ちなみに，刑事法以外の法学者や弁護士の中には死刑存置論者が結構いるようで，私にそのことを語ってくれた人も少なくない。

2. 落穂拾いなど

この表題のもとに主として第1について校正時までに気付か(け)なかった事項や文献等について補記，補注の意味で論述したい。執筆時現在までに発生した問題や刊行された書籍も含めて扱うことにする（最終的に2017年3月末までに検討，参照し得たものを対象とする）。これでは落穂拾いを越えて「むしり取り」に等しいと揶揄されるかも知れぬが，私としては直接・間接に司法制度改革に関連する当面のシリアスなことがらを無視，看過することは到底できない。したがって，『検証 I』に関連する問題についても時に言及する。「など」を付したゆえんである。便宜上内容

に関わりなく，ほぼ日時順に取り上げることにする（書籍は刊行時でなく私が読了した時点を基準とする）。

『検証 I，II』の参照頁も記しておくが，別にこれを読まれなくても理解に差し支えないように叙述したつもりである。叙述に項目ごとの繁閑精粗の差が甚だしい難があることは自認せざるを得ないけれど，執筆時点における半呆け老人の頭脳の反応をなるべく率直に記すよう努めたつもりである。

① コンビニ契約は現代の奴隷契約なのか？

『検証 II』で「コンビニオーナーの過重労働」問題に言及した（205-206 頁）。実は私は専業弁護士のころコンビニのフランチャイズのライセンス契約（米国企業から日本企業への）に深く関わった（詳しくは本書**第3**「わが研究――回顧と展望？――」103 頁以下参照）。この日本企業とはイトーヨーカ堂のことである。当時の私は将来こんな過重労働の問題が発生するだろうということなど全く予想もしていなかったので，今や「コンビニ契約は現代の奴隷契約」とまで形容される程の実態だということにひそかに胸を痛めてきた。遅蒔きながら世界一周クルーズ（本書**第4**，**第5**参照）の船上で読んだ『週刊金曜日』1067 号（2015 年 12 月 11 日）で，最高裁がセブン-イレブン・ジャパンの加盟店の見切り販売妨害行為を違法と認めたこと，同社が 2015 年の「ブラック企業大賞」を受賞したことを知った（渡邊仁「セブン-イレブンの何が問題なのか」30-31 頁）。渡邊氏はブラック性の「最悪のものがドミナント（近隣への集中出店）と呼ばれる，商圏内にライバル店を出すやり方だ。セブン側は，『近くには出店しない』，『出店のとき

は相談する』などと言いながら，抜き打ち出店をするのだ。要は騙し打ちだ。」(30-31 頁)，「私が本誌連載の"セブン-イレブン鈴木帝国の落日"(14 年 1 月-15 年 2 月まで計 13 回) で触れたように，ドミナントで追い込まれて自殺したり，過労死，自己破産，離婚などが後を絶たない。すべてのモメ事はドミナントがきっかけになっているのだ。」(31 頁) と指摘している。帰国後，渡邊氏の二つの著書，すなわち上記連載を一本にまとめた『セブン-イレブン　鈴木敏文帝国崩壊の深層』(2016，株式会社金曜日) および『セブン-イレブンの罠』(2009，同) を読んで実に様々なことを教えられた。

　私は上記のようにセブン-イレブンの米国本社からイトーヨーカ堂へのライセンス導入契約に深く関わり，鈴木氏とも当時一緒に仕事をした仲であるが，この契約後は同社と全く関係が無い。そしてライセンス導入の仕事に関わっていた当時は，この制度が日本の経済と消費者のために大きな福音をもたらすものでありうることを楽観的に予想していたのだ。(ある時，契約条項について相手方に大きく譲歩することを意に介しないイトーヨーカ堂の某幹部に対して，「オレは一私企業のためだけに頑張っているんじゃない，日本の主婦たちが払ってくれた血と汗が滲むような家計上の支出の集積を必要以上に外国企業に渡したくないんだ」とややキレイごとの啖呵を切ったことを思い出す。)　私の知る当時の鈴木氏は颯爽とした壮年紳士で，入社以来 1 日も休日をとったことがないと噂される猛烈幹部だった。卓抜した能力の持ち主でその後経営者として大成功を収めただけでなく，母校中央大学の法人理事長も務めた。学生時代は自治会，最初の勤務先では労働組合の各書記長だったという氏が，

今からでもコンビニオーナーの過重労働問題の根本的解決に尽力してくれることを切望したい。古来,「君子は豹変す」(易経) というではないか。これはほぼ半世紀前の一時期の接触の記憶に囚われ過ぎ,かつ競争激烈なビジネス社会の現実に疎い老書生の空言に過ぎないのかも知れないが。

なお,セブン-イレブンは 1974 年の第 1 号出店契約の前にフランチャイズ契約書の作成に万全を期し,1 億数千万円(現在なら 10 億円超か)もかけたという(前掲『セブン-イレブン 鈴木敏文帝国崩壊の深層』172 頁)。私自身はこの契約書の作成には全く関わっていない。的場武治氏は顧問弁護士だから関与していたのだろうが,どれほどの報酬を得たのか知らない。ただ,私自身の上記ライセンス契約に関する報酬は私が要求した金額の半分以下に値切られ,的場氏からイトーヨーカ堂はわれわれ弁護士の仕事の価値を正当に評価する能力が無いのだからこれで我慢して欲しい,と申し訳無さそうに言われた記憶がある。そんなことから推して彼がこの契約書作成からそれほど巨額の報酬を得たとは信じられない。さらに関連して想起するのは,サウスランド社で特別講義を受けた際,彼が会計システムについてよく分からないと主張して長時間講師を困惑させたことである(本書**第3** 107 頁)。あるいは彼はこのシステムの有する問題性を予感していたからではないか,と的場氏贔屓の私は臆測するのである。

渡邊仁氏は,前掲『セブン-イレブン 鈴木敏文帝国崩壊の深層』の最終原稿の執筆中に急逝されたとのこと。享年 65。謹んで哀悼の意を表する。

(いささか余談をすれば,第 155 回芥川賞を受賞した村田紗耶香『コン

ビニ人間』のヒロインはコンビニの従業員（著者自身多年その経験を有する）でオーナーではない。私はかねて彼女の作品の愛読者であり、同書も優れた作品だと思うが、もしヒロインがオーナーだったら、作品は全く違ったものになったことだろうと想像する。なお、東京新聞2017年2月1日（水）朝刊29面は、セブン-イレブン加盟店が病欠したアルバイトの女子高校生から休んだ時間（計10時間）分のバイト代に相当する9350円を罰金として差し引いていたことがセブン＆アイホールディングスへの取材で分かったことを報じている。これがこの店だけでなく他店でも行われていることなのか、そもそもの原因として上記のようなオーナーの苛酷な経済的窮状が影響していないか、も検討されるべきだろう。）

② **第3**「わが研究——回顧と展望？——」の補説の注として

2016年度における国立大の40歳未満の教員の6割が「任期付き」だという。朝日新聞11月22日（火）朝刊1面によれば、国立大の法人化後に人件費抑制のためにこの傾向が強まったとのこと。だとすれば、私立大においてはこの傾向がもっと顕著なのではあるまいか。同紙によれば、「任期が切れた場合、実績がかわれて任期なしの職を得るケースもあるが、実際には少なく、任期つきの職場を転々としたり、一般企業に就職したりするケースもあるという。」（水沢健一、川口敦子記）なお、関連記事として同月24日（木）の同紙朝刊2面の「地方の国立大教員雇用に寒風」（松本理恵子等記）参照。

私が指摘したように（**第3**の127頁）、知的生活は経済的独立を前提とするというべきである。上記のような傾向が学問の自由・発展のために好ましくないことは明らかである。この問題も高学

歴ワーキングプア問題の一環であるが，実に一国の文化の生命に関わる問題なのである。

　（補記　大栗博司「終身職の意義」東京新聞2017年4月26日（水）夕刊1面「紙つぶて」参照。大栗氏はカリフォルニア工科大理論物理学研究所所長で，「日本の科学の基礎体力が落ちていると言われる。終身雇用の職が減らされていることも原因ではないか。」と指摘する。）

③　「司法制度改革はこの国のかたちを変える」という私見（『検証Ⅰ』9頁等）の補記として

　朝日新聞の「耕論」の「過労をなくすには」で阿部真大氏（労働社会学，甲南大学准教授）が興味ある指摘をしている。大企業だけでなく霞が関の官僚も含めた高学歴のエリート層の長時間労働に関するものである。「外国企業のエリートなら，どこでも通用する専門性やスキルがあり，扱いが不満なら他社に移ることができます。でも日本の『エリート』は，高学歴でも専門性がない場合も多く，簡単には他社に移りません。入った組織で経験を積むことが最大のキャリアアップになっており，そのレールから降りるハードルが，まだ高いのです。」（2016年11月29日（火）朝刊15面，聞き手・古川啓一郎）

　司法制度改革の根本課題である法曹人口の飛躍的拡大は，この国のかたちを縦社会から横社会に変えることにある，という私の年来の主張と全く同様のことを過労の問題に関連させて論じたものといえよう。他の分野の新進の研究者から私見と同様の見解が表明されたことを心強く思う次第である。

④ 藤田宙靖「覚え書き――集団的自衛権の行使容認を巡る違憲論議について」の掲載拒否事件――『検証 Ⅱ』の〈裁判法学，憲法学の足場の脆弱さ〉(18-19 頁) などに関連して

船中で読んだ朝日新聞 2016 年 8 月 21 日（日）に，元最高裁判事・東北大学名誉教授藤田宙靖氏が日本法律家協会の機関誌『法の支配』に寄稿しようとした論文が昨年 12 月に同誌の編集委員会によって拒絶され，『自治研究』本年 2 月号誌上に発表した旨の記事が掲載されている（4 面）。見出しは「安保関連法の議論めぐり元最高裁判事の論文掲載せず」というもの（藤田直央記）。記事には，「安全保障関連法を違憲とする憲法学者らの議論に再考を促し，安倍内閣批判も交えた元最高裁判事（すなわち藤田氏）の論文を『法の支配』は掲載しなかった。協会は『予定されている特集テーマに直接関連しないから』と説明するが，元判事（すなわち藤田氏）は『理解不能』として協会を退会した。」とある。

藤田氏は協会の編集委員長から説明を受けたという不掲載の経緯を上記『自治研究』誌上で語っており，掲載には賛成論もあったが，「多数の現職裁判官，検察官が会員の協会の機関誌という性格と，元最高裁判事という（藤田氏の）地位に伴う影響力の強さが考慮された結果」だと伝えられた由。

論文内容は，記事の要約によれば，安保法の前提となる集団的自衛権の行使容認で，時の政府が憲法改正手続きを取らず，内閣法制局長官の首をすげ替えてまで解釈を変えさせたことを「非常識な政治的行動」と批判し，安倍首相の「（憲法解釈で）最高の責任者は私」という発言を「真に謙虚さと節度を欠いた」としている。

他方で，多くの憲法学者の指摘は怒りの表現であって，政治的思いを違憲の結論に直結させれば憲法学の足元を危うくすると指摘し，「今回の事態が憲法学に突きつけた問題」を法律学として整理することを論文の本旨とした，と述べている。

論文内容の詳細は帰国後に知るほかないが，以上の記事を前提として取り急ぎ船中でそこはかとなく脳裏に浮かんだことの若干を以下に書き付けておきたい。

ことは表現の自由に関わる大問題であるけれど，その背後に潜む決定的な要因は，実はヨリ低次元の経済的なものだったのではあるまいか，というのが私の臆測である。（これは後述する編集委員会の見解にかんがみいわゆる下種の勘繰りだった可能性も否定できないが，以下の文章が会財政強化に関する論議に資する面があるとすれば，あながち無意味でもないだろう。）

行政法学界の最高峰に位置し，とりわけ行政法解釈学の第一人者と目される藤田氏の論文は賢明なる編集委員諸氏にとって実は喉から手が出るくらい欲しいものだったかも知れない（行政法のアウトサイダーの私も，行政法の問題を考える時まず参照するのは藤田氏の著作といって良い）。しかし，掲載を躊躇せざるを得ない理由があり，涙を呑んで謝絶せざるを得なかったのではないかという疑念が念頭に浮かぶのである。以下は，私なりのこのような臆測とそれをめぐる私見である。

論文は政府批判を含むがゆえに，一部の法務・検察などの会員の反発を招き，その結果，これらの会員の全部または一部の協会脱退という事態に至るおそれがありうる（上記の編集委員長の説明なるものはその片鱗を窺わせる）。会員の老齢化に伴う会員数の漸次

的減少は，そうでなくとも会員数が少なく（同記事によれば約1700人），もともと財政的基盤が脆弱な協会にとって上記のような事態は絶対に避けたいところだろう。「蟻の穴から堤も崩れる」という言葉の真実性にかんがみ，それを単なる杞憂といって嗤うことなぞできない。

　私は末端の一会員に過ぎないが，対外的には日本の代表的法律家団体と目されるであろう協会が「日法協」でなくて「老法協」だと揶揄されるように，おおむね判・検事については高位の官職にある者，弁護士についても比較的高齢者で構成されている事態を私的に憂慮していた。最近ではこれが深刻な病理として現実化しつつあるとみえる。

　この病理をいかに打開すべきか。根本的には協会の基本的体質改善，会員数の飛躍的増加を図ることにあろうが，一朝一夕にそれが実現するとは到底思えない。一種の不可知論的無神論者である私も，この世のことについては「法の支配教」の敬虔・熱烈な信徒をもって自任している。私見によれば，法律家たる者はその職種，職域の差異を越えて法の支配教の信者たるべきだ。ということは，取りも直さずその教団である日本法律家協会の会員であるべきだということになる。が，この私見が日本の法律家の間に浸透してゆくには少なからぬ日時が必要だろう（ほとんど無理か？）。

　ただ，百家争鳴は典型的な法律家団体としてむしろ好ましいことにせよ，法の支配の確立・堅持，ヨリ良き発展のために尽くすという基本路線は絶対に忘れてはなるまい。機関誌の編集方針もこの路線を不可欠の前提として維持すべきである。毎号特集中心

という編集方針についてあえて一言することを許してもらえば，特集以外の投稿論文なども一，二あったほうが，当該特集があまり関心事でない読者にとって機関誌に対する魅力を増大させるのではあるまいか。

　さて，早急にはどんな改善策が考えられるか。別に妙案があるわけではないが，一つには会員内外からの寄付とくに遺言による大規模なそれに期待すべきかと考える。（この問題については外山滋比古『老いの整理学』（2014，扶桑社新書）164-165頁参照。）

　まず「隗より始めよ」と言われそうだが，実は異母兄弟姉妹以外に相続人のいない私は最近公正証書遺言を作成し，僅かな財産のほとんどは国内外の公私の組織・団体に寄付することにしてしまっており，もはや協会のためにはしたくても何もできない。（ちなみに公正証書遺言を作成したのは，最近の急激な体調悪化にかんがみ，船旅中に「海の藻屑」と化する現実的可能性も決して否定できないと愚考したからである。）そんなわけでまことに申し訳ないが，ひとえに経済的余力のある会員諸氏などのご芳志に期待せざるを得ない。

　これを要するに，今回の朝日の記事のような出来事を断じて再現させてはならない。日本の司法界，法律家全体が世界に恥を曝すだけである。かつて拙著の中で，民主主義と法の支配が充実したアフリカの小国ソマリランドと経済の超大国でありながら法の支配が極貧な中国について対比的に言及したことがある（『検証 II』287-288頁）。中国は法の支配について偉大なる反面教師である。仮にも日本が意識的・無意識的に中国に学んでいるかのような誤解・悪印象を国際社会に与えてはならない。（2017年1月，中国の

最高裁にあたる最高人民法院は「司法の独立」「三権分立」などを否定する発言をしたといわれる（東京新聞同年2月5日（日）社説による）。信じがたく，かつ信じたくない情報だが。）

　関連してもう一つ強調しておきたいのは，表現の自由との関係における"大学の紀要の重要性"についてである。紀要論文についてはかつて読者ただ一人，それも執筆者本人だけ，と皮肉混じりに批判されることすらあったが，最近のそれは押しなべて高水準のようである。しかしあえて極論をいえば，他人の読者が皆無では困るけれど，たとい一人でもいてその人に研究上何かプラスになるものを提供できれば存在価値はあると考える（そしてこのことは誰にも直ぐには分からない）。私は身体が不自由になる前は，各大学の紀要を探索するのを楽しみにしていた。無駄骨に終わることも多かったが，あまり知られていない紀要で参考に値する論文を見出して嬉しかったことも再三にとどまらない。

　それに紀要には憲法上の表現の自由を実質的に保障するという重大な機能がある。読者皆無に等しい論文も掲載されるということは掲載についてほとんど制約がないということでもある。その意味で，大学人は現代日本における表現の自由の最大の享受者なのである。今回の藤田論文事件が示しているように，高名な学者の論文ですら掲載の場を見出すのが困難な場合は決して珍しくない。まして私ごとき凡庸な研究者の場合はもちろんである。自分の例を挙げて恐縮だが，私も論文が懇意な商業法律雑誌のみならず弁護士会の機関誌からも掲載を断られた苦い経験を有する。そんな場合でも神奈川大学の法学部や法科大学院の紀要は最終的な

発表の場を提供してくれた。紀要の有り難さを痛感した次第である。もちろん大学人としては，この特権を濫用しないよう最大限に自戒すべきではあるが。たしかに紀要の掲載基準はますます厳しくなる傾向にあるけれど，その功罪両面について文系とくに法学関係では慎重に検討する必要があるのではないだろうか。（既存のパラダイムを平然と踏みにじって，咆哮する野獣を思わせるような論考も紀要で読んでみたいものだ。大山載吉訳，アンドリュー・カルプ『ダーク・ドゥルーズ』（2016，河出書房新社）に類する過激な内容の著述は，法学の分野では商業出版の欲求を満たさないだろう。）

ちなみに，神奈川大学法科大学院は2017年度からは学生の募集を停止するので，機関誌である神奈川ロージャーナルもほどなく廃刊されることになろう（同年度はまだ刊行されると聞く）。拙著『検証 I，II』所収のほとんど全ての論稿の初出誌は同誌である。私個人のみならず，日本の法学界にとって表現の自由を実質的に支える場の一つの消失という意味で悲しむべき事態の出現といえよう。

　以上の大部分は船上で書いた文章のままである。

　帰国後に読んだ『法の支配』183号には本件に関する編集委員会の見解が掲載されている（140-141頁）。そこでは，同誌は平成26年の175号以降特集方式を採用しており，藤田論文は持ち込まれたものであり特集の趣旨に沿わないので掲載を謝絶した旨が述べられている。この見解はそれなりに理解できるにせよ，そもそも毎号厳格な特集方針を採用・堅持することの妥当性について本件を契機に再考してみることも検討に値するのではあるまい

か。藤田論文についてはその掲載誌（自治研究92巻2号）が在庫なしということなので，中大出版部の帶部幸子氏にお願いしてコピーを送っていただき，本年1月末にようやく読了することができた（現在の私は歩行不自由な体の一人暮らしゆえ関係文献の入手・閲読がすこぶる困難なのだ）。

　同論文を読了して，その精緻を極める法解釈学的考察に深い感銘を受けた。もはや通常の意味での法律論文に値するものが書けず「論文もどき」の執筆で満足している自分に慚愧の念を覚える。まあそんな自己反省はそれとして，同論文が自治研究誌よりも法の支配誌にふさわしいことは藤田氏の言われる通りである（掲載した自治研究に敬意を表するが）。「日本法律家協会」そして「法の支配」の名が泣く，と誤解されるような事態の再現は決してあってはならないと思う。

⑤　周防正行『それでもボクは会議で戦う　ドキュメント刑事司法改革』（『検証Ⅱ』275頁以下）に対する補記として

　やや旧聞に属するが，周防氏の著書に関連する『週刊金曜日』1043号（2015年6月12日号）のインタビュー記事を船上で読んだ。「元『司法制度審議会特別部会』委員周防正行監督」と題するもの（聞き手・まとめ　赤岩友香（編集部））。その一部を以下に摘記する。

　「役人の方たちも個人的に話せば別に普通なんです。……ただ，学者もそうでしたが彼らのプライドというか『日本を支えているのは自分たちだ』みたいなところがね（笑）。しかもそれは圧倒的な善意ですからこれが始末に負えない。その善意が一番面倒臭

い気がしました。」(19頁) 拙著の随所で私は，法律家におけるやましさ，うしろめたさの自覚の必要性を強調した (135-136, 212, 283-284頁)。同監督の上記発言もそれを裏付けるといえよう。

⑥ 『検証 II』跋 (298頁) の「論文もどき」に関する補記として

外山滋比古氏は「エッセイに試論，つまりかなりはっきりした思考をのべた文章と随筆，すなわち，まだ明確な思考の形をとらない想念を綴ったものとの二つの意味がある」ことを指摘している (同『思考の整理学』(2007, ちくま文庫) 222頁)。論文もどきはこの試論と同様に思われるかも知れないが，試論が論文に結実する進行過程にあるのに対して，論文もどきは論文からの不可逆的退行過程にある点で全く異なるのである。ただ，私としてはそのようなものでありながらなお論文もどきに一種の存在意義を認めて欲しいのである。

⑦ 司法修習生に対する経済的支援について

政府は2017年2月3日の閣議において司法修習生に対する経済的支援として毎月13万5000円の支援金を支給するなどの裁判所法改正案を閣議決定し，今国会に提出するという (東京新聞2017年2月3日 (金) 夕刊9面)。日弁連はつとにこの方針に賛成しているし (日弁連新聞518号1面参照)，おそらく各法科大学院も賛成するだろうから，司法制度改革の要であった司法試験合格者を年間3000人程度とするという，この国のかたちを変える潜勢力を秘めた基本方針は最終的に息の根を止められることになろう。この十数年に及ぶ法曹人口拡大に注がれた各方面の努力，エ

ネルギーを思うと残念至極である。なんとか覆水を盆に返したい。以下はその一念からの雑文である。

　貸与制も金額を見直して継続するといわれるが，その際には修習専念義務によって原則的に禁止されているアルバイトや副業を大幅に認めることを検討すべきである。現在では最高裁の許可を得た場合に限り働くことが可能だが，この許可は休日に法科大学院で学生に指導することなどに限られるとのこと。しかし，この方針は間違っていると思う。法曹にとっては社会，人生のあらゆることが必要，有益である。このことは凡庸な一法律家に過ぎない私の60年を越える法曹経験から断言することができる。法科大学院における学生の指導などほとんど意味がない（私も修習生のころ司法試験受験生の指導をしたことがあるが――無料で）。それよりもコンビニのアルバイトのほうがずっと役立つかも知れない。介護など福祉の現場で働くことは一層有意義である。

　また，給費を受けた修習生については，修習終了後に各地の公設弁護士事務所で一定期間勤務するなどの義務，負担を課するべきだ。この問題については国民の血税の無駄遣いにならぬよう肌理の細かい検討，配慮が求められよう。

　取り急ぎ，上記記事に接しての雑駁な所見を記しておく次第である。

⑧　法の支配184号（2017）の「新たな刑事司法制度の構築」は素晴らしい特集である。④では同誌の特集主義のリジッドな運用についてやや疑義を呈したが，本特集のような重要かつ広汎な内容のテーマについては投稿論文を加える余地はあるまいと

思う。それはそれとして，司法制度改革，裁判員制度との関連で注目すべきは，この歴史的大改革の契機を成したのが裁判員制度等を導入した司法制度改革であることが明確に表明されていることである（大野恒太郎（前検事総長）の巻頭言「新たな刑事司法制度とその歴史的意義」および「座談会 新たな刑事司法制度の展望と課題」における出席者の発言など参照）。ちなみに，この座談会の出席者は学界，裁判，検察，弁護および警察各界のエキスパートで構成されており，その内容は現段階で望み得る最上のものといえよう。

⑨ 裁判員（候補者）のための副読本的小説——佐々木譲『沈黙法廷』（2016，新潮社）

警察小説の雄である佐々木譲氏が，警察小説とこれに接続する裁判員裁判の法廷小説とが渾然一体となったユニークな長編を著した。その内容はフィクションとはいえ，裁判員（候補者）のための最上の副読本として推奨するに値する。著者は弁護士活動と後半場面の描写については北千住パブリック法律事務所の高橋俊彦弁護士から新聞連載時の執筆にあたって多くの助言，教示を受け，かつ同書の監修もしてもらった旨記している。同弁護士は，刑事弁護に取り組む全国の弁護士千数百名の任意団体の事務局長であり，刑事弁護に関して最も信頼し得る法曹の一人といえる。このことが同書の信頼性を大いに高めている。あえて些細な注文を付けると，法廷の場面の冒頭に「三人の判事」とあるが（338頁），少なくとも一人は判事補（それも任官後5年未満で判事としての職務を行うことができない未特例判事補）だろう。

私はかつて,「裁判・検察・警察の機能的全体性・一体性を強調するためにあえてやや誤解を招きやすい表現を用いれば,……一国の刑事司法システムはあたかも巨大な樹木に等しい。警察は広くかつ深く地中に伸びる根を成し,検察は幹の下半身,裁判は枝葉をつけ開花して実を結ぶ上半身に相当しよう。……刑事弁護は裁判・検察・警察の不適正を発見し,逸脱を防止するところにあろう。」(『検証Ⅱ』7頁)と書いた。この記述に対しては関係各方面から異論がありうることは承知しているつもりであるが,佐々木氏の著作は愚見を的確な臨床例をもって描写してくれた好著だといえよう。

⑩　保坂一広『最終陳述』(2014,宝島社)　弁護士による,裁判員裁判を扱った小説

　著者は福岡県弁護士会所属の弁護士。弁護士兼作家による上記作品があることは自由と正義誌上の保坂晃一「ひと筆　小説のネタのない法曹界を願って」68巻1号(2017)で知り(「一広」は筆名),早速購入し読んでみた。同書の刊行は⑨よりも早いが,読んだのは後である。法曹の一読者としては裁判・検察・弁護各界の内部事情に関する叙述がすこぶる興味深かった。それだけにそれぞれの立場から多少の異論も出るかも知れない。しかし,著者は自己の属する弁護士会についてさえかなり手厳しいことを書いており,その執筆態度は公平というべきだろう。その意味で裁判員(候補者)に対する最良の副読本的価値を有する本の一つとして推奨に値する。それにストーリーは二転また三転,興味津々たるミステリー作品である。

ただ，同書中には死刑論議について，一裁判員の考えとして「廃止論の『誤判の可能性が否定できない。誤判の場合に死刑が執行されてしまうと，回復不能』だという主張には反論できないと思われた。」（49頁）と述べられている点について一言私見を紹介させていただきたい。私見は，刑罰の主目的は応報的正義の実現にあるので，死刑の存在は肯定せざるを得ないけれども，誤判の可能性を否定できないから，立法論として死刑囚からの再審請求は無条件に認めることとし，かつ再審請求には無条件に執行停止の効力を付するべきだというものである（『検証 II』114頁等参照）。この拙著の刊行は同書の刊行後であるし，その初出誌（2011）は所属大学の法科大学院の紀要なので，実務家の著者の目に触れていないのは当然だろう。しかし，わが国では現在も死刑存置論が圧倒的大多数であることにかんがみ，著者ならびに読者一般がこの私見について熟考してくださることを是非とも期待したいと願っている。

⑪　泉德治，渡辺康行・山元一・新村とわ『一歩前へ出る司法　泉德治元最高裁判事に聞く』（2016，日本評論社）

　三人の憲法学者が聞き手になった本書は日本の裁判・司法の研究上不可欠というべき好著である。とりわけ裁判法研究者である私にとっては有益な教示と示唆が溢れている（泉氏およびその著書『私の最高裁判所論』（2013，日本評論社）についてはすでに『検証 I』51頁注82a，『検証 II』79頁注47，83頁注70で言及している）。

　同書を読んで，司法政策，司法行政等に関する従来の私見中変更，修正を必要とするものも少なくないように思われるが，それ

は将来の検討課題として，ここでは差し当たり最終章の「Ⅷ　司法制度改革の成否と将来への提言」について項目ごとに一言するにとどめる。

「1　司法制度改革の中の裁判官改革」

　ここでとくに注目に値するのは「法曹一元制度の方がキャリアシステムよりも優れているということは認めざるを得ない」（319頁）という所見である。かねて法曹一元論の提唱者である私としては，これが生粋のエリート裁判官出身者だった人の発言であるだけに本当に喜ばしく思う。ただ，わが国の法曹一元の歴史を顧み，かついささかの比較法的考察の結果としてキャリア裁判官制の国におけるその実現の困難さを知る私としては，問題の想像を絶する困難さに溜息が出る思いがするのも事実である。氏の言われるような施策を含む地道な努力を積み重ねてゆくべきだろう。

「2　法科大学院制度の展望」

　法科大学院についてその教育を充実強化し，大学院生の大部分が司法試験に合格できるようにし，司法修習制度を廃止することを提言する。賛成であるが，司法修習の全面的廃止まで行う場合には，法科大学院の側にも，教員の現状の大幅な改革が求められよう。氏の提言を実現するためには，とりわけ研究者教員の意識革命を含む法科大学院における教育・研究の抜本的改革が要請されるというべきである。少なくとも当分の間は法科大学院卒業で法曹資格を与えるとともに，司法修習を任意的な制度として存置しても良いのではないだろうか。（例えばスウェーデンの制度はそうである。）

　また，「端的に言って弁護士の最大の顧客は企業」で，企業が

期待するのは「専門的な分野で高度の法的アドバイスができる弁護士，英語で国際取引の法的支援ができる弁護士」だ，これからの弁護士は「企業活動，国際取引の分野で一つでも得意分野を持っていなければ相手にされないでしょう。」という（以上，引用文は321頁）。そのような弁護士の必要性は十分に理解できるが，この発言は氏の現在の所属事務所が国際取引を中心とすることにやや囚われ過ぎているのではあるまいか。

　私は法曹人口の飛躍的拡大と準法曹制度の廃止とはワンセットの問題だと考えている。このことは『検証 Ⅰ』で詳論したゆえここで再論することは避ける（同書第3論文（77頁以下））。要するに準法曹を含む富士山型の法曹人口が形成されれば，その中に泉氏が求めるような企業の期待に応え得る弁護士も十分に存在することになろう。ちなみに，弁護士と準法曹との根本的な相違は法的知識・経験の差異ではなくて国家権力を抑制するキバを有するか否かであることが留意されなければならない。

　なお，本項目との関連で，英米弁護士制度研究の権威である吉川精一弁護士が関連文献の博捜に基づき，米国弁護士制度の現状について大事務所と町弁護士との二極化，前者における利益至上主義の蔓延，そして極端な企業法務偏重の結果，社会全体に奉仕できていないこと，このような状況の中で自らの仕事，キャリアに満足できず，不安や不幸を感じている弁護士が増加していることを指摘している（同「危機に立つアメリカの弁護士」自由と正義67巻10号（2016）54頁以下）ことが注目に値する。わが国の弁護士制度が同様の愚を犯してはなるまい。

「3　最高裁の制度改革」

最高裁の制度改革についてとりあえず取り組むべきことは各裁判官に専属調査官を配置することだと提言する。「事件の調査をする調査官室はそのまま残した上で、各裁判官の側にいて日常的な議論の相手となる専属調査官を設ける」(328頁)という案である。

実は私は、つとに現在の調査官室に加えて裁判官個人に専属する調査官制度の採用を提案している(拙稿「最高裁判所に第二の調査官を」拙著『続・裁判法の考え方──司法改革を考える──』(2000, 判例タイムズ社)所収)。泉氏の提言はこの私見とほぼ同一のものである(上記『検証 Ⅰ』51頁注82a,『検証 Ⅱ』83頁注70参照)。諸手を挙げて賛成したい。

「4 次の世代のためになすべきこと」

「我々世代が作った負の遺産はできるだけなくし、日本を少しでもまともな姿にして次の世代に渡さなければならないと思っております。」(337頁)。深い共感をもってこの言葉を読んだ。私も法科大学院関係の論稿において「現在のこの国の在りようについて応分の製造物責任を有するはずの者である以上、若者にとって絶望度が少しでも低くなるよう自分の仕事の領域で努めたい」と書いた(『検証 Ⅰ』32頁)。泉氏と同じ思いを表現したつもりである。

⑫ ユルゲン・トーデンヘーファー,津村正樹,カスヤン・アンドレアス訳『「イスラム国」の内部へ──悪夢の10日間』(2016,白水社)

わが貧しい読書体験を顧みてこれほど衝撃的な読後感を味

わったことは無かったのではないか。「訳者あとがき」によると，ドイツで出版されるとたちまちベストセラーになり，共訳者のドイツ人カスヤン教授が同僚の津村教授に同書を渡した時の顔は日本でもこの本は絶対に読まれるべきだという確信に満ちていたということだが，まことに宜なるかなと思われる。ISの内実を理解するために最上の本だと確言できる。

著者は1940年生まれ，その職歴は裁判官を経て18年間にわたって国会議員として活動，米国の同時多発テロ事件発生を機にジャーナリストとして活躍するに至り，数々のベストセラーを世に送り出している。

著者の基本的姿勢は「ある事象や事件が生じたら，必ずその双方の意見を聞き，そこに批判を鋭く差し込みながら理解を深めていくことである。」(320頁―あとがき)「〈もう一方の言い分にも耳を傾けよ〉と，ローマ法の重要な原則にはある。」(37頁)と著者は書いている。

このようにジャーナリストにはまれな著者の公平な立ち位置の形成には，著者が職務上公平を最大限に重んずべき裁判官の職にあったことが大きく影響していることは，上記の引用文からも示唆されよう。

加えて著者は素晴らしい勇気の持ち主である。著者はイスラームに対する西側諸国の偏見も強烈に糾弾している。そのためにドイツ国内外で多くの批判，嫌がらせを受けてきたが，断じてそれに屈しない。私のいう法曹に不可欠な3Y（柔らかな頭，優しいハート，勇気――なかんずく最も難しい勇気）の権化のような傑出した人物である。

同書の内容については読者に直接ご覧いただきたく，ここではひたすら脱帽して著者に心からの敬意を表するにとどめる。

（ちなみに，ジェラード・ラッセル，臼井美子訳『失われた宗教を生きる人々　中東の秘教を求めて』（2017，亜紀書房）の中でも，この著者が危険を冒して現地調査に取り組んでいることが描かれていて感動的である。解説者の青木健氏は「ISIS の活動が最も活発な最中，……ヤズィード教の聖地ラーリーシュまで訪問した筆者の行動力には，満腔の敬意を表したい。」（81 頁）と書く。

この機会に，私が昔カイロで偶然にも体験したコプト教徒との出会いについて少し余談をさせていただこう。1969 年 8 月のことである。スウェーデン・ストックホルム大学への留学のため同国に赴く途次，観光のためカイロで一週間か 10 日ぐらい滞在した。そこでは今もなお忘れがたい数々の貴重な体験をしたのだが，その一つである。ある日，市内のある地区を散歩していると，十七，八かと見える小柄な可愛い少女が近寄って来て，微笑しつつ私の胸元の少林寺拳法の卍のペンダントを指し（私は少林寺拳法中拳士三段），次に自分の手首の内側の十字架の入れ墨を示し，たどたどしい英語で付近の案内をしてくれるという。その時はなぜだか分からなかったが，後で調べてみて入れ墨はコプト教徒の印で，彼女が私を同様の信仰の持ち主と誤解したのだと悟った（同書 310 頁参照）。しばらく一緒に散策を楽しんでいると，だんだん多くの男性の若者たちが集まり私に怒声を浴びせかけた。彼女は必死になって彼らをなだめつつ私に早く立ち去るよう勧めたので，急いでタクシーを拾ってホテルに逃げ帰った。同書のコプト教徒に関する章を暗い気持ちで読みながら，彼女の好意を懐かしく嬉しく想起した次第である。）

⑬　公益財団法人民事紛争処理研究基金編『公益財団法人民事紛争処理研究基金創立30周年記念シンポジウム／法曹養成の新たなヴィジョンを模索する──医師養成の理念と韓国の法曹養成の現状をふまえて──』(2016，商事法務)

　司法制度改革の第一の課題である法曹人口の拡大すなわち法科大学院制度に関する注目すべき著作である。その内容は「医師養成の基本理念」と「韓国ロースクール・システムの現状と課題」という魅力的なテーマに関する基調講演(前者は医師養成教育の専門家，後者は韓国の法科大学院教授による)とこれを受けたパネル・ディスカッション(パネラーは講演者を含め，このテーマに関するオピニオン・リーダーと目される諸氏)の2部から成る。いずれも多大の教示と示唆に富むもの。ディスカッションについてはとりわけ旧司法試験の合格者で経済人として華々しく活躍する富山和彦氏の発言に興味を惹かれた。同書は法曹人口問題を考えるうえで最上の教材というに値しよう。体調不良のためこのシンポジウムに参加できなかったことが悔やまれる。

　(元裁判官で退官後最高裁批判を精力的に展開する瀬木比呂志教授は，司法制度改革は改悪だったのではと思う，「弁護士の人口が激増」したという (東京新聞2017年3月4日(土)朝刊4面──聞き手・中村陽子)。氏のような人にこそ同書を熟読玩味して欲しいものである。)

⑭　山火正則「刑罰を科すことの正当性について」『神奈川大学法学部50周年記念論文集』(2016，学校法人神奈川大学) 381頁以下

　カントおよびヘーゲルの応報刑論ならびに目的刑論の批判的検

討に基づき，市民社会の要請する応報刑論（その量刑は犯罪と価値的に同等のもの）の妥当性を主張する。かねて裁判における一種の応報刑の妥当性を主張してきた私としては，かつての同僚である優れた刑法学者の論考に大いに力付けられた（『検証 Ⅱ』124-125頁注5-1等参照）。ちなみに，山火氏の所論は現在のスウェーデンおよびデンマークにおいて支配的な「均衡原理」説と共通する面が大きいように思われる（同説については松澤伸教授による的確な紹介がある——**第1** 22頁参照）。

⑮ 『シリーズ　刑事司法を考える　第0巻　刑事司法への問い』
（2017，岩波書店）

　刑事司法改革について総合的・多面的に論及する時宜を得た素晴らしい著作である。随所に多くの教示と示唆が溢れている。残念ながらここでは拙著で論及した二つの問題だけを取り上げるにとどめる。

　一つは犯罪捜査に対する司法的コントロールについてである。かつて少壮気鋭の判事補としてこの問題について厳しい批判（『検証 Ⅱ』72頁注31参照）をしていた寺西和史氏が嬉しいことに今もなお裁判官職にあり，相変わらず舌鋒鋭く同様の批判を行っていることに驚嘆し，敬服した。氏は，現時点における最も激烈な裁判所批判論のオピニオン・リーダーとみられる瀬木比呂志教授の所説を「瀬木元判事ほどの人に『逮捕状請求についてはまずまずきちんとした審査が行われていると思う』なんてことを書かれると，裁判官の令状審査に批判的な方々には，大きなダメージとなろう。元裁判官の軽率な発言は控えていただきたいものである。」

(同書61頁)と厳しく窘めている。現職の裁判官でありながらこのような発言をされる寺西氏の見識と勇気には脱帽するほかない。(同書の中で,被告人の経験を有する元福島県知事佐藤栄佐久氏は裁判官を含む「官僚の行動原理は自己保身と組織防衛」だと指摘するが(15頁),寺西氏はそんなものから完全に免れている稀有の逸材である。)

　もう一つは,動機の解明を求めることの危険性を論ずる市川寛弁護士(元検事)の「諦める司法」の提言である。氏は「動機の解明に固執すると,捜査機関に合理的かつ詳細な自白獲得という無理を強いる結果になりかねない」(54頁),「詳細な動機の解明を諦めることが虚偽自白,ひいては冤罪を防止することにつながるのではないか。」(55頁)と指摘する。まさに卓見である。刑事裁判に犯行の真の動機などの解明ができると考えるのは過大に失した期待だと主張してきた私にとっては,図らずも捜査現場の経験者から説得力に富む援軍を得たわけで,改めて私見の正当性を確認できて嬉しい限りである(『検証 Ⅱ』36頁参照)。

　このシリーズのことに戻ると,巻末の編者諸氏による座談会「大改革時代の刑事司法」を読み,私も馬齢を重ねてついに86歳(執筆時)になったが,何とかこのシリーズ全巻を読了できることを生き甲斐の一つとして余生を過ごしたいと思う次第である。

⑯　暉峻淑子『対話する社会へ』(2017,岩波新書),『社会人の生き方』(2012,同)

　東京新聞2017年3月25日(土)朝刊13面「あの人に迫る」(石原真樹)で,著者のことを知った。89歳という高齢で上記の新著を上梓したことに驚嘆するが,経済学者として精励しながら

つとに旧ユーゴスラビアの難民支援に精力的に取り組み，国内におけるボランティア活動にも献身してこられたことに畏敬の念を覚え，是非とも新著『対話する社会へ』を読んでみたく，併せて『社会人の生き方』も買い求めた次第である。早速読了したが，両書とも実に有益な内容に満ちていた。しかも実は司法制度改革の問題についても大切なことを語っていることに気付かされた。

　『社会人の生き方』第5章におけるシティズンシップ教育に関する論述は，わが国の法科大学院・法学教育を論ずる者にとって必読というべきものである。また，例えば「対話とは話すことでなく，聞くことだと言われます。」「対話には上下ではなく対等な関係が前提とされます。」（『対話する社会へ』235頁）というのは，裁判員裁判の合議における必要不可欠な前提を成すだろう。（なお，審理において証人や被告人の供述内容をひたすら一所懸命に聞くことの大切さについては『検証Ⅱ』29頁参照。）

⑰　仁藤夢乃『女子高校生の裏社会』（2014，ちくま新書），『難民高校生』（2012，英治出版）

　高校時代主に渋谷を徘徊などしていた元難民高校生の書いたこの二冊の本はわが国の社会，大人たちに対する鋭い異議申立てを行っている。とくに彼女の自分史というべき後者は興味深い。これに触発されて私自身の高校生活や20代の駆け出し裁判官としての家裁少年事件の取り扱いの経験を想起させられた。

　私の高校時代は終戦直後（まだ旧学制で正確には農業学校──現在の農業高校）で，世相は荒っぽく，多くの人々は貧困にあえいでいた。そのためか，学校まで片道約12キロを自転車で通ってい

た私は，途中でチンピラに絡まれ，金品を奪われることが頻々とあり，自衛のためにやや不良がかった格好をしていた（実際に喧嘩もした）。また，学校では「国家のために死ね」という狂信的な教育をしていた教師たちが一片の反省の情も示すことなく民主主義教育を口にするのに激しい怒りを覚え，ことごとに反抗的態度を露わにしていた。そんなところから，退学処分が問題になったことさえあり，幸い成績が多少良かったことや，弁護してくれる一，二の先生もいたことで危うくそれを免れたのである（つるんでいた何人かは退学させられている）。私は幸運に恵まれて早々と司法試験に合格でき，裁判官になったが，実家の周辺の大人たちの間では「あんな不良息子が裁判官になったなんて信じられない」と噂されていたようだ。しかし，この高校時代の体験は家裁で少年事件を取り扱うとき，大変役に立った。判事補の最初の3年間は民・刑事の合議事件の構成員または家裁の少年事件ぐらいしか仕事ができない。当時（昭和30年代前半）は非行少年がひどく荒れていた時期で，中学生の集団を補導中の警察官が逆に集団から袋叩きにあったり，家裁の審判室で少年が裁判官や同席者に暴力をふるうケースも間々あった。そんな中で，私は若干覚えている不良の隠語を使ったり，少年の言動に一定の理解を示す態度を示したりしたせいか，あまりそういう危険を感じたことは無かった。

　ここに今でも記憶している「沖縄ジミー」ともいう少年のことを記しておきたい。彼は沖縄出身で，米軍の兵士と日本人の女性との間に生まれたところから，この名が付けられたという。彼は幼少時から孤児で，学校にもほとんど行っていない。何時頃仙

台に来たのか知らないが，米軍キャンプの近くのバーで働いていて，強盗事件の非行事実で家裁に送られてきた。本人は頑強にその事実を否定しており，かつ証拠も不十分なように思われたが，さりとて環境面は極めて劣悪で，然るべき保護者もいないため，止むを得ず虞犯少年として特別少年院に送致する決定をしたのである。

　家裁の裁判官は年に1回，少年院の視察に行くことになっていた。私は彼のことが気になっていたので，その1，2年後に当該少年院に視察に行ってみた。再会した彼はとても喜び，少年院に来た当初は，無実なのに少年院に送られたと思うと腹が立って暴れていたが，教官からここで勉強して高卒の資格をとったらどうかと諭され，それに従うことにした。今ではむしろ少年院に来てよかったとさえ思っている，と語ってくれた。私は本当に嬉しかった。彼の希望で一緒の写真も撮った。今でも彼はどこかで生きているのだろうが，もう後期高齢者のはず。

　以上に関連して，ある秀才裁判官に対するやや批判的なことを書かせていただく。この人は大分前に物故されているが，最高裁家庭局に勤務し，少年法の標準的解説書も上梓しており，同法の権威として知られていた。私の在任中に仙台家裁に転任してきて，早速彼の指導の下に調査官を中心とする米国少年法の研究会が組織され，私もメンバーに加えてもらって勉強した。これはとても有益だったが，同判事の少年審判の実際はあまり感心できるものではなかった。彼から勧められて傍聴したのだが，上から目線のやや高圧的な審判であった。彼は天下の秀才が集まる旧制一高から東大法学部を出た抜群の秀才で，非行少年の実態なぞ体験

的に理解するのが無理だったのではあるまいか。元難民高校生の書いた本を読みながら，かねてからのこの想念の正当性が確認できたように思う。

　仁藤氏は「できる人が，できるときに，できることを」するよう勧める。素晴らしい言葉だ。86歳（執筆時）の私にできることは裁判法関係で論文もどきの文章を書くことに尽きる。86歳の老人が23歳の若者に教えられる。「負うた子に教えられて浅瀬を渡る」とは至言である。もっとも，「これは，石巻のある避難所のリーダーになっていた70代の男性が被災直後のリーダー会議で言っていた言葉だ」という。（『難民高校生』294-295頁。彼女は東日本大震災による被災者の救援活動を宮城県下で行った。）

　本稿で，上掲二書を取り上げるのは，決して奇を衒うわけではなく，裁く立場の人がともすれば陥りがちな上から目線のものの見方，考え方を戒めるためである。これは裁判官のみならず裁判員についても妥当しよう。

⑱　「《シンポジウム》民事訴訟への隣接諸科学の応用──和解，心証形成，事実認定を契機に」民事訴訟雑誌63号（2017）

　3月16日に上記雑誌が届いた。上記シンポジウムの内容は民訴法学，裁判法学の研究者にとって深甚な興味を惹かれるものである。しかし，視力の劣化に悩む私が，2段組みの細活字で100頁を超える重厚・精密なこのシンポの記録を一気に熟読することは至難に近い（シンポには体調不良のため出席できなかった）。文字通り瞥見しただけであるが，それに基づく雑感の一部を記しておきたい。

司法制度改革とくに法科大学院との関係では，「ロースクールのカリキュラムなどを工夫して，実務家教育の比較的早い段階でこれらの隣接諸科学の基本的知識を習得させることが必要ではないか」という須藤典明教授（元裁判官）のコメント（193頁）に強く共感する。太田勝造教授（報告者，法社会学者）がいみじくも指摘するように，21世紀における「法学というものは必然的に総合科学であらざるを得ない」（238頁）のである（本書**第3**「わが研究……」の濱田邦夫弁護士（元最高裁判事）の言葉（118頁）参照）。ちなみに，とりわけ事実認定の問題は私が研究者人生のかなりの部分を傾注してきた分野である（同上113頁参照）。

　（アンドレア・シュライヒャー（OECD事務総長教育政策特別顧問）は「21世紀には，いろいろな分野のさまざまな知識を持っていて，その知識を総合しながら問題を解決していく力が求められている。」という（暉峻・前掲⑯『社会人の生き方』189頁による）。法学においてはとりわけこのことが強調されるべきなのである。)

⑲　日本法社会学会編『《法》を見る』法社会学83号（2017）

　本書の執筆対象の最終時点に近い2017年3月25日に同書が届いた。書名は全体シンポジウムの名で，シンポ，論説，書評とも知的探求心をそそって止まない充実した内容である。その全体を直ちに通読することなど半呆け老人には不可能だ。で，それは今後の楽しみに取っておくことにして，ここでは本書**第1**で言及した小幡清剛『障害者の〈生〉』に関する葛野尋之准教授の書評についてだけ一言する。私は著者から同書を恵送していただき，一応拝読してその内容に圧倒され，然るべき人によって適切な書評

がなされることを切望していた（著者自身が強く書評を望んでおられた）。今その願望が叶えられたわけで嬉しい限りである。

　葛野氏の書評は同書の内容を分かりやすく説明しており，その立ち位置もかなり公正と見受けられる。「『大江健三郎』とは言うまでもなく『われわれ』自身のことに他ならない。」（264頁）という言葉は，あるいは著者には不満かも知れないが，かなり的に当たっているように思われる。

⑳　古野まほろ『警察手帳』（2017，新潮新書）
　私はかつて一国の刑事司法システムはあたかも巨大な樹木に等しく，警察は広くかつ深く地中に伸びる根を成すと表現した（⑨参照）。警察の実態について知ることは刑事司法に関心を有する以上きわめて重要である。多年キャリアの警察官であった古野氏（本名は不明）は，キャリアとしては予想外（と私には思える）の多彩な現場体験を有し，同書ではその豊富な職務経験に基づき警察（官）の実像について赤裸々に語っている。氏は警察大学校主任教授を最後に退官，その後ミステリーなどの作家として活躍している文章のプロで，平易・明快な叙述は読者を飽きさせない。是非とも一読をお勧めしたい好著だ。もっとも，いわゆる警察の裏金問題に全く言及していないのは「画竜点睛を欠く」憾みがある（あるいは，編集過程で削ぎ落としたという著者稿の中にはあったのかも知れないが──「あとがき」参照）。

　氏は愛媛県（人）が好きだと聞くので，この問題に関する以下の拙文を再掲しておこう。「かつて裁判官として松山地・家裁西条支部に勤務し，令状事務等を通じて警察（官）と多少の接触を

持った私は，愛媛県警察官として正義のための孤立無援の戦いを定年まで実に約40年にわたって続けられた仙波〔敏郎〕氏に心から畏敬の念を覚える。ここに特記して脱帽する。」(『検証Ⅰ』169頁）ちなみに，同頁では裏金問題の内部告発本として仙波氏と原田宏二氏（元北海道警方面本部長・警視長）の著作を挙げている。

㉑　川上英一『思想としての日本史の研究　神武天皇実在論』
　　（2017，自己出版本）

　最後に**第1**（4頁）で紹介した「法律探偵」川上英一弁護士の著書を取り上げたい。表題自体からも司法制度改革とは無縁のもののように映ずるが，司法制度改革はその結果としてこの国のかたちを変え得ることにかんがみ温故知新という意味では必ずしもそう断定すべきではあるまい。百歩を譲って以上が牽強付会の言であるにせよ，私は同書を読んで氏の飽くなき知的探求心に驚嘆，敬服し，体調不良の中本稿の執筆を続ける気力を増強させてもらっているので，どうしても一言したいのである（私より若いけれど氏もすでに70歳代半ば）。もっとも，歴史学者の著作かと錯覚するほどの関係文献の博捜に基づく400頁を超える同書を丁寧に読了することは視力の劣化に悩む現在の私には困難で，まだ拾い読みをしたにとどまる。その上，歴史学のアウトサイダーの私が氏の所論の是非を的確に判断することなぞできそうもない。ただ，例えば第四章における「それ〔本居宣長説〕は学説，学問といえるものではない。筆者の疑いは，上田秋成が『本居氏の言ってることは，単に普通の人情であって，自分を前に出して他人を

後にする類いで（ある）』と喝破している通り，よくて自慢話のたぐいである。……『国学』を卑しめるこれ以上のものを知らない。それが，二百年の今（ママ）の学者が宣長を崇め称える類の推奨が少なくないのは研究に値する。」(285頁) という論述などには強い共感を覚える。私自身かねて漠然と同様の疑念を抱いていたからである。自己出版本という性格上一般の読者の目には触れにくいのでご参考までに章レベルの目次を以下に記しておこう。(とりわけ第五章以下については川上氏の所論に賛否両論のありうることが臆測される。しかし，例えば津田左右吉『シナ思想と日本』の詳細な引用紹介 (350頁以下) などは現代中国を理解するためにも極めて有益である。)

　　第一章　歴史とは何か
　　第二章　歴史学としての記紀実在論
　　第三章　「倭の女王卑弥呼」は，誰か
　　第四章　宣長の「八紘一宇」(皇国史観)
　　第五章　津田歴史裁判の真相
　　第六章　家永歴史裁判と検定教科書の実態
　　第七章　歴史学としての日本史——日本史再建の具体的方針

　(注記で引用されている川上氏の著作『思想としての「国宝人物画象鏡」——古代史学との対話』(2015, 自己出版本) に興味を惹かれ，お願いして恵送していただいた。これも同様に専門家はだしの精密な歴史書である——素人の私にはそうとしか思えない。氏の抜群の知的能力と飽くなき知的探求心にひたすら畏敬の念を覚える。ところで，同書には再審無罪となった冤罪事件に関する言及があり，とくに松山事件について

詳述されている (380-381 頁)。実は私はこの事件の第一審の審理・判決に関与した者である (『検証 II』106 頁等参照)。深い慚愧の念を新たにしつつ氏の厳しい批判を読んだ次第である。)

㉒　藤原聡・宮野健男『死刑捏造　松山事件・尊厳かけた戦いの末に』(2017, 筑摩書房)

㉑で言及した松山事件に関する包括的で詳細なドキュメント。私自身も 96-97, 109 頁に登場する。同書を通じて再審無罪のため実に多くの人々が懸命に働かれた事実を知り, 深い感動と心の痛み (悪因を作った者として) を覚えた。同書は, 怠惰な私に生涯をかけて刑事司法制度改革に微力を尽くす債務があることを伝えるメッセージでもある。同書を自戒の糧として残された僅かな余生を研究に精進しなければならない。(無罪釈放後の斎藤氏や母上の生活などに関する最終章 (「第 14 章　晩年と死」) を暗然たる思いで読んだ。かえって私のほうは平穏な晩年に恵まれている運命の不公平な有り難さを痛感する。)

補　記

(他の仕事に追われてつい本稿の仕上げを怠っているうちに, 特記すべき若干の文献等に接した。以下, それを紹介しておきたい。)

その①　小林秀之・群馬弁護士会編『証拠収集の現状と民事訴訟の将来』
　　　　(2017, 悠々社)

本稿の検討・参照対象の最終基準時後の 4 月 14 日, 編著者の小林教授から上掲書の恵送を賜った。目次を見て興味を惹かれ, 現在視力の極度の劣化に悩まされている身には, とても通読することは無理なものの,

ちょっと拾い読みだけしてみた。そして直ちに，同書はまさに司法制度改革と密接不可分の課題を取り扱う重要著作であることを認識させられた。で，補記として是非とも同書を紹介しておかねば，と思い立ったのである。同書は「関東10県会」という10県（静岡を含む）の弁護士会の組織団体が開催した平成28年度の夏季研究会の成果で，共編者の群馬弁護士会は同年度の当番会である。

同書のテーマは，小林氏執筆の第3部の「第6章　民事訴訟の死と再生」がいみじくも表現しているように司法制度の中核の一つである民事訴訟の生死を取り扱っている。すべての法律家，そして法科大学院生にとって同書は必読の文献というに値する。

3部構成で，第1部は小林氏の基調講演，第2部は同氏を含む5人によるパネルディスカッション。その参加者および第3部の執筆者はいずれも裁判官，弁護士または（および）民訴法研究者として豊富な経験を有する。内容は説得力に富み，読み応えがある。早急の間にこのような著作を制作・刊行された関東10県会および群馬弁護士会の関係者に敬意を表したい。ちなみに，上記研究会が行われた群馬県高崎市は私の生まれ故郷で，なんとなく私自身も同書の刊行を嬉しくかつ誇らしく思う次第である。

その②　三宅弘『法科大学院　実務教育と債権法改正・情報法制の研究』（2016，花伝社）

同書は三宅氏から昨年中に私の所属事務所宛てに恵送されたものだが，ごく最近事務所から転送を受けたため閲読するのが遅くなってしまった（私は昨年秋以降とくに体調不良で事務所に出ていない）。2部構成の同書は「序論」「第1部」および「あとがきにかえて……」が法科大学院に関する。取り急ぎ上記部分を読んで，同書が法科大学院問題に関する必読の重要文献であることを認識した。氏は第二東京弁護士会会長，自由人権協会代表理事等を歴任した高名な弁護士にして情報法制研究の第一人者であるが，13年間にわたり獨協大学法科大学院客員教授として法科

大学院教育に献身した経験を有する。同書には随所に貴重な発言がみられ、「相関社会科学」の提唱（23頁）もその一例である（前掲⑱参照）。もっとも、「あとがきにかえて……」における氏の見解は日弁連寄りであり、私見とはいささか異なる。しかし、これは氏が2015年度の日弁連副会長として「法科大学院センター」を担当した立場などにかんがみ止むを得ないことだろう。

その③　Diet must have 'visitor center', by Hazuki Yamanaka, *The Japan News*, May 3, 2017, at 5.

　国会参観者に対する役務等を行う「国会サービスセンター」（ならびにこれに相当する国会内のシステム、スタッフ）の国際的集まりである「国際フォーラム」が本年初めてワシントンD. C. において開催された。テーマは「市民対話（Citizens Engagement）」で、英、仏、スウェーデンその他合計17ヵ国から27名が参加した。筆者は衆議院事務局秘書課課長補佐で日本代表として出席し、プレゼンテーションを行った。彼女は神奈川大学法学部において私のゼミに所属していた人で、上記新聞記事と同フォーラムに関する写真等を恵送してくれたのである。（わが国の国会にはビジターセンターと同様の組織はなく、議院事務局の警務部、国際部、広報課等が同様の職務を行っている。）

　今回のテーマでは、国会が国民に近づくため何ができるかに関する方策が探究された。スウェーデン国会における義務教育最終段階の生徒を対象とする「子ども国会」の先駆け的教育プログラムも紹介されている。テロとポピュリズムが蔓延し、民主主義の空洞化が懸念される今日、このような裏方の真摯な営為が真の民主主義の確立・維持のために必要とされよう。かつての教え子が素晴らしい任務を果たしつつあるのを目にして本当に嬉しく、ここにあえて掲記させていただく次第である。

その④　宇沢弘文『人間の経済』（2017、新潮新書）

　著者は周知の通り国際的に高名な経済学者で、文化勲章の受章者。同

書のほとんど毎頁に類い稀な英知と貴重な情報が溢れている。とりわけ「3　教育とリベラリズム」「4　大学と都市の理想と現実」は法学部，法科大学院問題を考える者にとって必読である。「バランスのとれた人間にすることが教育の大切な役割なのです。」(95頁) という言葉など法科大学院を司法試験の受験予備校としてしか考えないような論者に対する頂門の一針である。(私は晩年の宇沢氏に一度お会いしたことがある。後藤昌二郎，原後山治両弁護士と共に同氏と会食をしたのである。その時の用件が何だったか今では正確に思い出せないが，後藤氏は旧制一高理科で宇沢氏と同級だったとのことである。)

その⑤　濱田邦夫・小池振一郎・牧野茂編著『裁判員裁判のいま――市民参加の裁判員制度7年経過の検証』(2017，成文堂)

同書は「裁判員経験者ネットワーク」のメンバーの弁護士4名および臨床心理士3名による多年にわたる地道な研究成果を集約した注目すべき著作である。共著者の濱田邦夫氏はかつてわが国の代表的国際弁護士にして元最高裁判事。私も氏にお誘いを受けてこのネットワークの集会に何度か出席したことがある。今回の出版にあたって同年6月5日に出版記念パーティーが開催され，私は事前に同書の念校ゲラを読んで席上で読後感を述べるよう求められ，その内容を卒読した次第である。

読後の感想の要約としては原田国男教授 (元刑事裁判官) の「推薦のことば」に全面的に賛成する。私個人の独断を一言附加するならば，臨床心理士諸氏執筆の「第2部　臨床心理士とカウンセリング」が同書の特色を成すように考える。(カウンセリングは的確な事実認定および量刑のために肝要であり，このことはわが国の刑罰理論における応報刑，教育刑の議論とは無関係だろう。前掲⑭など参照。) 要するに，同書は今後裁判員裁判制度を考えるうえで是非とも参照すべき基礎的重要文献だといわなければならない。

なお，上記パーティーには，これまで裁判員裁判について公的発言をしたことが無い (と思われる) 法曹界，法学界の達識の士が少なからず

出席されており,今更ながらこの制度の重要性を再認識した次第である。

　以上で**第2**を終えるが,この機会に最近の所感を一言することを許されたい。私は幸運にも多くの優れた友人・知人に恵まれてきた。もちろん中には一流の学者,研究者が少なからず存在する。私も一応学界に籍を置く人間であるけれど,彼らと私との間には決定的な差がある。それは「キンの差」である。「僅差」ではない。「碩学(セキガク)」と「浅学(センガク)」との違いなのである。現在の私はカタツムリの歩みに等しいペースでしか歩行できず,「遅リンピック」という競技大会があったら優勝間違いなしの身であるが,学問・研究の歩みも同様に遅々としており,しかも道草を好むので,全然比較にならないのである。が,物事にはすべて両面がある。浅学は浅学なりの勉強をしてきたつもりであり,少なくとも法律学においてはこういう愚者も許されるのではないかと自己弁護したい気持ちである。

「結び」に代えて

　本稿を終わろうとするとき,アマゾンから瀬木比呂志・清水潔『裁判所の正体　法服を着た役人』(2017,新潮社)が届いた。早速一通り読んでみたので,以下,その読後感の一端を記すことで「結び」に代えたいと思う。

　同書からは教えられるところが少なくなかった。とりわけ清水氏の記者クラブ批判(228頁以下)は興味深く,同感の念を禁じ得ない。また,瀬木氏の所論はその『ニッポンの裁判』を再読するためにも参考になった(氏の刑事裁判の経験は皆無と思っていたが,上記二書から8ヵ月あることも知った)。

　ただ,裁判員裁判,死刑存廃および法曹一元[1]に関する瀬木氏の所論については遺憾ながら賛同できない。

すでに私は瀬木氏の見解に対するかなり詳細な批判を公表している（『検証 II』155 頁以下，259 頁以下）。また，死刑存廃の問題については死刑の存置に賛成するとともに，ありうべき冤罪を防止するために再審の無条件的許容とそれに伴う自動的執行停止を立法論として提案した（同書 114 頁）。瀬木氏が援用する団藤重光説への批判も述べておいた（同書 116-117 頁）。

しかし，氏は上記私見を全く考慮されていないように窺われる。これは研究者としてフェアな態度ではあるまい。氏自身の言葉（同書 264 頁に引用）を裏切る所為というべきだ。ちなみに，英米法系以外の国における法曹一元の先進国は私の知る限りノルウェーである。このことを私はすでに約 50 年前の法律雑誌で発表している（拙著『北欧法律事情 中年元裁判官のスウェーデン等留学記』（2017，中央大学出版部）113 頁以下参照）。氏は驚異的な博学の士であるが，率直にいって司法制度や死刑の問題について少々不勉強だと考えざるを得ない。

やや厳しいことを書いたけれど，氏の有する影響力にかんがみ，一日一生の思いで消光する老耄の裁判法研究者としては黙過できずあえて一言する次第である。（2017 年 7 月初旬）

注
1) 法曹一元を主張する瀬木氏に，私は弁護士業務を体験してみること（逆の意味での法曹一元）を勧めたが（『検証 II』158 頁），氏は弁護士登録もしていない理由として「正直にいえば，当分は『裁判所』という名前の付いた建物の構内に足を踏み入れたくないという気持ちも強い」という（『ニッポンの裁判』276 頁）。しかしそんな心理状態の人に，法曹一元の問題について適正・妥当な判断をすること

ができるのだろうか。

　今読了したばかりのニコラス・エスプリー，波多野理彩子『人の心は読めるか？　本音と誤解の心理学』（2017，ハヤカワ・ノンフィクション文庫）は，理論的，実践的にすこぶる有益な心理学書で，その中に次のような興味深い論述がある。

　水責めはそれほど辛くなく拷問とはいえないと思っていた人が，実際に体験してみて，あれはまさに拷問そのものだといったとのこと。著者はこの例などを引いて，「裁判官は，拷問についてはっきり評価を下す前に，まず自分でその刑を体験するくらいの思い切った行動に出る必要があるだろう。」と指摘する(187頁)。瀬木氏も自分で，体験可能なことはやってみるべきだろう。

第3

わが研究
――回顧と展望？――

1. はじめに――執筆の方針

　たとい研究生活と関連することにせよ，自分史的な話題に言及するのは好きでないというよりも，そもそも私ごときがそんな所為におよぶのは恥曝しになるだけだから禁欲すべきだ，とずっと考えてきた。その禁を破ってしまったのが神奈川大学法学研究所研究年報26号（2008）の「萩原金美先生を囲む座談会――法化社会の実現をめざして――」である（自分のことを「先生」と書くのは気恥ずかしいが，表題だから止むを得ない）[1]。しかしこれは，「座談会後記」に記したような特殊な事情によるもので，決して意図的にしたことではない。

　裁判官生活15年の後いささか思うところあって，独り身で家庭的義務を有しない気安さもあり，預貯金と退職金をはたいてスウェーデン等に留学，3年近くの学生生活を送った。帰国後は，一応弁護士業務で生活を立てながら自分なりの研究に取り組み，若干の論考を発表してきた。それが2, 3の学界の先輩諸賢の目

に止まったようで、とりわけ東京教育大学教授から本学法学部教授に転じられた磯野誠一先生は、私とその研究活動を過大評価され、わざわざ私の法律事務所まで足を運ばれて、本学法学部の教授職に就任することを強くお勧めくださった。先生はとりわけ私のような者の存在は本学法学部の学生にとって必要・有用なのだと口を極めて私を説得された。「豚もおだてりゃ木に登る」と巷間いわれるが、私は生来おだてに乗りやすい人間であるにせよ、誠実そのものの象徴のごとき磯野先生の熱烈な口説き文句はどんな慎重居士の心をも揺り動かしてしまう真摯さに溢れていた。私は雀躍して本学法学部教授に採用していただき、爾来先生のご期待に添うべく精一杯の努力をしてきたつもりである[2]。

　さて、本稿の表題を「わが研究——回顧と展望？——」としたが、回顧はともかく「展望」など男性の平均寿命をとうに越えた私にあるのか？　いや、あると思っているのは半呆け老人の妄想ではないか？　と問われるかも知れない。しかし、いくつになっても一日一日は全く新しいものだというのが私の偽らざる実感である。わが愛読書の一つである山下泰文「スウェーデン語文法」（2000, 大学書林）146頁の例文に Var dag ger nya upplevelser.（毎日が新しい経験を与えてくれる）とあるが、これを読むたびにその真理性を実感する。たしかに「展望」について語り得ることは微小なものだろう。だから「？」を付したのだが、絶無だとも思わない。まあ、それはそれとして、老人の懐古談はどうしても自慢話に堕してしまう恐れがあるので、自戒のために研究の（一応の）成果ではなく、主要な出来事やその意図などを中心に語ることにしたい。「座談会」で述べたこととの重複はなるべく避ける

第3 わが研究　99

が，どうしても繰り返して述べたいこともある。その点はご寛恕賜りたいと思う[3]。

第1　回顧の部

2. スウェーデン等への留学——ストックホルム大学のDiploma of Comparative Law/Internationl Law コースその他

　何時どのようにしてこの留学先のことについて情報を入手したのか今では全く記憶がないし，現状についても全く知らない。このコースは法曹資格を有する者（ないし法学部卒業者）に対して1年間の英語による教育で，ディプロマ論文を作成させてその学位を与えるというもので，利用者の大部分は米国の若い弁護士だった。1969年秋に始まる私の期はハーバードの出身者が多かった。偶然にも日本人がもう一人，韓国人が一人いて，二人とも私より10歳近く若い人で，莫逆の友となった。その後のストックホルム訪問の際私はしばしば二人の居宅に宿泊させてもらった。日本人が竹崎孜氏（後に埼玉大学教授等になる），韓国人がチョイ（Byung-Eun Choi）氏[4]である。（チョイ氏は韓国での国際海洋法の先駆的研究者だったが，残念ながら母国でもスウェーデンでも研究者としての地位が得られず，ストックホルムで郵便関係の事務職員として終始し，数年前に物故された。彼は書画を能くする中国的文人でもあった。合掌！）このコースはちょっと中途半端で，要するに若い外国人法律家のための一種の箔付けのコースとして利用されていたらしい。法律学の突っ込んだ研究のためにはあまり意味がないので，私は週一回の英語による法学部の諸教授の講義を聞く以外

のメリットを感じなかった。それで，私はほとんどの時間をスウェーデン語の勉強と専門書の読解に充てることにした。ディプロマ論文としては当時日本ではドイツの学界の影響もあって訴訟物論争が盛んだったので，日・独・スウェーデン三国の訴訟物論争の概況とそれに対する私見をまとめて指導教授に提出した。実はスウェーデンでは訴訟物論争はなんら注目されておらず，僅かにフィンランドのある裁判官が書いた博士論文がほとんど唯一のスウェーデン語で書かれた参考文献だったので，私はこれを大いに活用することにした（論文もスウェーデン語で書いた）。しかし，指導教授は私の論文の意義がまるで理解できないようで，あまり真剣に扱ってくれないため，私は留年して書き直す旨約束して論文を引っ込めたものの，本気で書き直しをする気になれなかった（後にヘルシンキ大学を訪れた際，訴訟法学の長老の教授に上記の博士論文に対する率直な評価を聞いたところ，極めて低い評価でお情けの学位授与だとまで言っていた）。2年目以降は西ベルリン（当時は東西分裂の状況下で，スウェーデンで知り合ったドイツの友人の実家にしばらく泊めてもらった）でドイツの民事法廷を傍聴したり，他の北欧諸国の法制の調査や法廷傍聴に精を出したりした。また，英国には約半年ほど滞在し，とくに高等法院のマスターの手続についてQueen's Bench Masterのジェイコブ（I. H. Jacob）氏の執務室に同席させてもらい実態観察に努めた。これらの活動については判例タイムズ誌に連載した「北欧法律事情」に書いている[5), 6)]。

　日本でまともな学生らしい生活をエンジョイしたことがない私にとって，この留学生活はまさに第二の青春であり，「良く学び良く遊ぶ」を実現し得た本当に有り難い機会であった。ほぼ毎日

十数時間勉強したが，全然苦痛ではなくむしろ静かな喜びに満ちていた。定職を離れ，無収入の中年からの手習い（留学の開始は38歳の時）は傍目には狂気の沙汰とみえようとも，本人は多幸感に包まれていたのである。

3. 判例タイムズ（誌・社）との関わり [7]

　私は判例タイムズ誌の264号（1971年9月15日号）から280号（1972年11月15日号）にかけて「北欧法律事情」と題する連載記事（第1信-第15信）を書いている。この執筆は同誌編集長の香取久義氏からの依頼に基づく。それまでの私は同誌の一読者に過ぎず，同誌に一度も執筆したこともなく，また香取氏に面識などまるでなかった。もう半世紀近くも昔のことなので記憶も定かでないが，木川統一郎先生から私のことを聞いて連絡してきたのだと思う。香取氏は中央大学の出身で木川先生のゼミに属したと聞くが，スウェーデン留学について私が相談した学界の先輩は木川先生だけだからである。木川先生は，中央大学「中桜会」という由緒ある学内の司法試験受験指導団体（俗に「研究室」とよばれていた）の一つの指導者の一人であり，私はそこの「研究室員」として学生時代から同先生（当時の先生の身分は「助手」）の指導を受けてきた。ともかく，香取氏とはこの原稿にからんでほぼ毎月一度は文通をしていたから，次第に彼との間柄が親密になり，帰国後はまるで旧知の友人同士のような関係が続くことになり一挙に私と同誌・同社との関係は深まった。そんなわけで，私は香取氏の発案で同誌の裏表紙の内側に毎号時評風の文章を書き綴ることになった。315号（1975年3月号）から368号（1978年12月号）ま

での「あとがき」がそれである。書いたものを香取氏に見てもらい，テーマおよび文章表現について彼の同意が得られた場合に活字化するようにしていた。最終的な文責は私にあるとはいえ，半ば香取氏との合作という意識もあり，執筆者名はK・Hとした。これは香取と萩原二人の姓の頭文字を合わせたものとも読めるが，私の名前 KANEYOSHI・HAGIWARA の頭文字でもある。この「あとがき」は予想外に好評で，とくに東京地裁の裁判官たちの間では執筆者の真犯人捜しも行われたようである。

　いずれにせよ，私は次第に判例タイムズ誌の編集に深く介入することになり，かなりの期間事実上同誌の編集顧問的立場にあったといえよう。そして同社が法人化してからは外川，香取両氏と共に取締役会を構成する非常勤役員になった。注7）外川氏の著書には私と同誌との関わりについては言及されていない（私のことは148頁，169頁等で簡単に触れられているだけである）。同氏は判例タイムズ社（大部分はまだ法人化されていない時期）の経営面の責任者だが，私はあまり接触がなかった。他方，香取氏は経営者・上司としてはやや問題を孕む人物かも知れないが，法律雑誌の編集者としての能力は抜群であった。彼は後に判例タイムズ社を完全に去ってゆき，私自身も現在彼とは交友関係が断絶しているが，今でも法律雑誌の編集者としての彼の稀有の能力は最大限の評価に値すると考えるものである。（後述する最初の在外研究でスウェーデンに滞在中，判例タイムズ社の数人の女性職員（ほぼ全職員）から香取氏の言動が部下として我慢できる限界に達しているので，非常勤取締役の私が一日も早く帰国して事態の解消を図って欲しいという趣旨の手紙をもらって驚いた。在外研究中にそんな厄介な問題まで背

負いこむことになるとは想像もしていなかった。この手紙は無視したが，帰国後に彼女たちの話を良く聞いてみると，ことは些細な問題に端を発しているようで口出しをするのが憚られたし，私はそろそろ同社の仕事から完全に手を引きたかったので，木川先生にお願いして非常勤役員の仕事を引き受けていただくことに成功した。それ以後の私は同社の一株主として今日に至っている。）結びとして一言。私の判例タイムズ（誌・社）との関わりは私の研究とくに裁判法のそれに大きなプラスの影響を与えてくれた（今もなお）と確信する。それをこれまでの研究においてどこまで生かし得たかは，読者のご判断に委ねるべきことであるが。

4. コンビニ「セブン−イレブン」のライセンス契約への関与，畏友故的場武治弁護士の思い出 [8]

意外に思われるかも知れないが，私は偶然の事情からコンビニエンス・ストアーのセブン−イレブンの米国の会社からイトーヨーカ堂に対するライセンス契約に深く関わっている。この件について語るためにはイトーヨーカ堂の顧問弁護士であった畏友的場武治弁護士について語らなければならず，そして彼について語るためには彼と私の双方の恩師である江澤義雄先生のことに言及しなければならない。まず江澤先生のことから始めよう。

私の弁護士会での実務修習は第二東京弁護士会（二弁）でなされ，担当弁護士は江澤義雄先生であった。先生は中央大学商学部の出身で，法律学は独学で勉強されたようである。非常に緻密な思考をされる方で，酒の入った雑談の席で「できることなら，民事の裁判官になりたかった」と述懐されたことを記憶している。

先生は強制執行や仮差押え・仮処分の執行現場にも私を同行された。私は幸いにも弁護士修習4ヵ月の間におそらく典型的な民事弁護士の活動全域の現場を覗き見ることができたのである（執行（立会）屋を交えた食事の席にも連なった）。このことがその後民事訴訟法・裁判法の研究を進めるうえでどれほど役立ったか計り知れないものがある。また，社会勉強にもなるからと当時新宿で名高いキャバレーに連れて行ってくださったりもした。

　先生は新宿区若松町の自宅2階を事務所にしておられ，階下が奥様との二人暮らしの居宅を成していた。お二人の間には子どもがなかったため，21, 2歳の私はまあ一種の「疑似息子」のような扱いを受けていたようである。私が判事補に任官した潜在的理由には先生の民事裁判官になりたかったという願望を疑似息子が実現したという面があるのかも知れない。

　さて，ようやく的場弁護士について語る段階になった。彼は江澤先生のもとで修習をしたいわば私の兄弟子なのである。彼の優秀さについては江澤先生ご夫妻から何度も聞かされていた。たまたま，私が二弁に入会した年の夏の研修合宿（たしか箱根の温泉旅館）に参加したところ，夕食の席が彼と向かい合わせで話が弾み，彼の事務所で弁護士の席が一つ空いているのでそこを使わないかと誘われ，これに応じて私は形式上彼の事務所の一員となったのである。それまで私は，小田急経堂駅に接着して建てられた小田急経堂マンション（今は無い）の10階に住んでおり，そこを事務所にもしていた。ちなみに，隣室の住人は膨大な蔵書を有する雑学の大家で特異な服装でも人目を引いた植草甚一氏だった。当時の的場事務所は市ヶ谷駅近くの「ドミール五番町」というマン

ションの中にあった。(その後麹町のダイヤモンドホテル別館に移転。ここは英国大使館のすぐ近くで,事務所の階下は同大使館の分室だった。磯野先生がお出でくださったのはこちらである。)

　的場氏は長野県松本市の出身で地元の松本商業学校を卒業し(同校は現在の松本大学の最初の母体),第一勧業銀行(現みずほ銀行)の松本支店に就職した。当時の同銀行では全国の支店から優秀な若者を東京に集め東京の大学の夜間部で勉学させ,もって将来の幹部職員としての大成を期待していたようである。彼もそのような若者の一人として東京に集められ,中央大学法学部の夜間部に入学したが,在学中すでに国家公務員上級職試験に合格し,卒業と同時に建設省(現国交省)に入省した。しかし間もなく司法試験にも合格したので,同省を辞し,私と同期(六期)の司法修習生になったのである。

　若手弁護士の彼の顧問先の一つに現在のイトーヨーカ堂があった。彼が顧問になった頃は東京の下町にあるささやかな店舗だったが,流通革命の波に乗って同社も大きく成長し,それに伴い彼の同社関係の弁護士業務も拡大の一途をたどったわけである。米国のセブン-イレブン本社(サウスランド社)からのライセンスの獲得をめぐってダイエーとの間で熾烈な競争が演じられたが,結局イトーヨーカ堂が勝利した。当時の流通業界における両者を相撲の番付で譬えれば,ダイエーは横綱,イトーヨーカ堂はようやく幕内に入ったところという感じではなかったかと思う。私が的場氏から協力を求められた時は,具体的な契約条項を検討し,正式の契約書の作成を行う段階であった。契約書は厖大な内容のものであり,相手方の弁護士は東京に長年在住する米国人弁

護士であったが、なかなか老獪で、ある程度日本語も理解できるらしく、ときどき「私はイトーヨーカ堂のためにも役立つよう考えています」というようなことをカタコトの日本語で発言するので、イトーヨーカ堂側の印象はすこぶる良く、的場氏や私の意見よりも彼の言葉を信頼してしまうことも間々あり、少なくとも私としては彼＝相手方弁護士に対する警戒心を怠らなかった。これは依頼者の利益を擁護すべき弁護士としては当然のことと思うが、イトーヨーカ堂の関係者の中には、私が相手方弁護士に対して無用に挑戦的・敵対的態度を取っているとして不快に感じた人もいたかも知れない。ちなみに、この契約（書）交渉の場には現場の最高指揮官というべき鈴木敏文氏はもちろん、伊藤雅俊社長も同席することが多かった。（同社は周知の通り驚異的な成長発展を遂げ、1972年に東証第二部、73年には第一部に上場し、2005年には現在のセブン＆アイ・ホールディング（の一部）となっている。コンビニ関係では73年11月に株式会社ヨークセブンを設立し、米国のサウスランド社との間にライセンス契約を締結している。私が関与したのはこのライセンス契約である。本節の記述では簡単のため全てイトーヨーカ堂と表記することにする。ご了承を乞いたい。）

　この契約交渉の過程で的場氏と私は米国テキサス州ダラスの相手方会社の本社を訪ね、数日間にわたる二人だけに対する特別講義を受け、ワシントンにおけるコンビニ関係の独禁法に関する会議に参加し、さらにセブン-イレブンの店舗の実態を全国的規模で実地見聞する機会を得た。会社はジェット機を所有し、機内は会議室用に改装されており、パイロットはベトナム戦争帰りの退役軍人だった。したがって、時間を無駄にすることなく会議、会

議の連続で，しかも私は拙い英語力を振り絞ってそれを行うのだから，まさに拷問に等しい日々だった。今回顧すると，どうしてあんな過酷なスケジュールをこなすことができたのか不思議でならない（それに機内では通訳がいなかった）。

　この米国出張で忘れられないのは，特別講義において的場氏がコンビニの会計システムについて頑として理解困難だと主張して講義時間の大半を消費したことである（この講義では日本からのビジネスマンの通訳を数多く手掛けているという日本人留学生が付いたのだが，彼はこの講義ほど難しい通訳は初めてだとぼやいていた）。米国側の講師は音をあげてしまい，私に「貴方は分かるだろう，貴方からミスター・マトバに説明してもらえないか」と泣きついてきたが，私は断った。実は私は何となく分かったような気になっていたのだが，私の会計の知識は浅薄極まるもの。静岡地裁時代に銀行簿記の理解が必要な事件に出合って困り果て，泥縄的に簿記学校の夜学に数ヵ月通っただけである。他方，的場氏の会計に関する知識・経験はプロのそれである。商業学校を出て，一流銀行にかなり長い間勤務しているのである。その彼が，会計システムが理解困難というのは私などとは全く異なる深いレベルの問題があるのだろうと察せられた。それはそれとして，私が感銘を受けたのは，彼が依頼者の利益を擁護するためには自己の知的虚栄心などかなぐり捨てて必死に徹底的に勉強し，理解しようとする知的誠実さであった。それは中途半端な学者の知的営為などをはるかに凌駕するものである。私は彼から学んだこの知的誠実を研究者としての自分の鑑としてきたつもりである。

　この契約交渉および契約書正文の作成に関連しては，当時の日

本企業の米国企業との間の契約書や外国法（英米法）研究者の問題点など書きたいことが少なくないのだが，紙幅の関係上すべて割愛せざるを得ない。

さて，艱難辛苦を乗り越えてようやく正式の調印日が決まった（1973年11月中と記憶する）。ところが，その数日前に的場氏が急に病気で倒れてしまい，調印式への出席が危ぶまれた。しかし，彼はたとい這ってでも調印式に参加すると意気込んでおり，私は弁護士の受任事件に賭ける情熱の凄まじさに圧倒される思いであった。幸い，調印式までに体調は回復し，調印式に列席することができた。（彼は人一倍健康な人だったと思うが，仕事に夢中になって身体を酷使することはまるで意に介しなかった。こういう無理を重ねたことが彼の早世に大きく影響しているのではあるまいか。）

桜の名所千鳥ヶ淵に面したフェヤーモント・ホテル（今は無い）の眺望絶佳な室で爛漫と咲き誇りかつ華麗に散り行く桜花を眺めながら盛大な古稀の祝宴を催したのが，悲しみを倍加させる思い出になってしまった。程なく彼は難病にとりつかれ，医師である三男の勤務する医科大学の附属病院で最善を尽くした治療が試みられたものの，運命の針はついに逆転することがなかったのである。その年すなわち1994年の8月19日逝去。合掌！

ところで，的場氏は日弁連関係の活動として，法制審議会少年法部会の幹事であり，少年法改正問題に真摯に取り組んでいた。ジュリスト632号，633号（1977年3月1日号，同月15日号）の「〈研究会〉少年法改正の『中間報告』（上）（下）」を読むと，彼は最高裁家庭局および法務省刑事局の各所管課長，刑事法学の権威を相手に堂々たる論陣を張っている。読者が彼を少年法の専門研

究者と錯覚してもおかしくないほどだ。多忙を極める弁護士業務の時間を割いて少年法改正問題に没頭する姿を思う時，私は彼の献身的な公共奉仕の精神の発現に深い感銘を覚えざるを得ない。

5. 神奈川大学教員としての在外研究と国内研究

その① 最初の在外研究――米国とスウェーデン（1981年9月から12月まで）

研究課題は「司法運営の比較法的研究」という広大なもので，それに即応して研究の場所も米国のシアトルに始まり，ニューヨークを経てスウェーデンのルンドで終わるという慌ただしい研究生活であった。（米国における研究は受入れ側の事情もあり，当初の予定とはやや異なる結果になった。）

（シアトル市裁判所での法廷傍聴など）

米国における日本法研究の草分け的存在というべきワシントン大学ロースクールのヘンダソン（Dan Fenno Henderson）教授はかねて辱知の仲であり，彼の配慮で同ロースクールの図書館の閲覧室に専用の席を与えられ，時々，彼と昼食を共にし，何かと有益な情報を教えてもらった。

シアトル市裁判所（裁判所の正式名称は記憶しない）における法廷傍聴も多分彼の配慮ですることになったのではないだろうか。1ヵ月ほど市裁判所の陪審事件を傍聴することになったが，担当裁判官は私を自分の隣の裁判官席に座らせ，法廷に出席している人々に対して「日本からジャッジ・ハギワラが来られたので同席してもらう」とやや誇らしげに宣言したので，私は吃驚してし

まった。後で調べてみると，米国では裁判官職を務めた者は離任後でも裁判官を名乗ることが許されているようだ。米国では一般論として大学教授よりも裁判官のほうが社会的評価が高いので，彼は私を裁判官と紹介したほうが法廷の重みを増すと考えたのではあるまいか。

　市裁判所の判事は公選なので，若い人もいればかなり年老いた人もいるが，給与は全く同額である。この裁判所は通常事件の第一審を取り扱うので，裁判所のクラスとしては日本の地裁——実際には簡裁と地裁の中間程度——という印象であった。ところが，この裁判官の待遇が凄いのである。報酬自体はそれほどでもない。日本の裁判官の報酬のほうが高いくらいである。しかし，実質的な待遇がまるで違う。まず法廷は自己専用の法廷である。法廷の奥に公室があるが，さらにその奥に私室があり，そこにはなんとバスルームまで備え付けられている。また，就任時に二人のクラークを採用することができるが，ロークラークとして活用できる優秀な若手ローヤーを選ぶか，法的知識は有しないが魅力的な金髪美女を選ぶか，どちらでも自由という話である。以上はあくまでも一世代以上前の昔話であり，しかも私の印象記に過ぎないことをお断りする。

(ネバダ州リーノの National Judicial College への超短期留学)

　この裁判傍聴に通っているうちに，ネバダ州リーノにある National Judicial College のことを教えられた。それは州裁判官の研修機関であり，日本の司法研修所の裁判官研修をモデルにしているとも聞かされた。たまたま今研修を実施中だから，部分的にせよそれに参加してみてはどうかと勧められ，そうすることに

した。つまり私は同裁判所の推薦ということでこの College の研修に参加することになったわけである。裁判官たちの年齢や経歴も多様であり，中には腕に派手な入れ墨をしている人もいた。そんな多様性の中で共通して感じられたのは，自分は州民から選ばれた民主的な裁判官であり，その意味では任命制の連邦裁判官よりも民主国家米国にふさわしい，という自負心であり，彼らの法律的能力などは別にしてある種の感銘を受けた。

上記のシアトル市裁判所および Judicial College における裁判官のささやかな実態観察は，私をして表面的な各国の裁判官任命・養成制度の比較研究の無意味さを痛感させ，その研究を断念させる大きな契機を成した。

(ニューヨークでの ADR 研究)

ニューヨークでは運良く交通に至便で長期滞在が可能な安宿が確保できた。調停者の研修を行っている施設の研修に参加したり，ハーレムの近隣紛争の調停所を訪ねたりした。後から思えば，後者はかなり危険な行為であった。

(スウェーデンのウプサラ大学およびルンド大学での研究)

ウプサラ大学での研究の主目的は，かねてその精緻にして厖大な研究業績に畏敬の念を抱いていた同大学法学部のリンドブローム (Per Henrik Lindblom) 教授との対話等を通じてスウェーデン訴訟法学についてヨリ的確な知見を獲得することにあった。幸いごく短期間にほぼ所期の目的を達し得ただけでなく，同学部の他の二，三のメンバーとも親交を結ぶことができた。

ルンドではルンド大学法学部の訴訟法担当のボールディング教授の研究室を根城にしてとくに第一審訴訟手続に関する理論

と実務のヨリ深化した理解に努めた。当時私は彼の著書 Två Rättegångar の邦訳を手掛けていたので、ルンドでの研究はその完成のためにもすこぶる有益であった[9]。ボールディングとはほぼ毎日のように会っており、やがて彼は私にとって海外における無二の親友となったのである。

その② 二度目の在外研究——スウェーデン・マルメ高等裁判所で（1987年4月から7月まで）

この研究を開始する準備作業（宿舎の手配まで含めて）については、ボールディングが全て代行してくれた。

マルメ高裁での実務観察の際にほとんどつきっきりで面倒をみてくれたのは同高裁判事で後にボールディングの後任としてルンド大学の訴訟法教授になったベリィホルツ（Gunnar Bergholtz）博士であり、彼とは今も親交が続いている。彼は裁判所を休職してルンド大学の博士課程に学び、博士号を取得した好学の士である。ただし論文のテーマは法哲学に関するもので、指導教授はポーランドからの亡命者で天才との評価もあったペチェーニク（Aleksander Peczenik）教授であった。

その③ 国内研究——九州大学法学部および福岡大学法学部で（1992年4月から1993年3月まで）

図らずもその年（1992年）私はルンド大学法学部から名誉法学博士号を授与されることになりその準備に忙殺される羽目に陥った。授与式は全学部の一般の博士号の取得者に対する授与式と合同で、大学に近い大聖堂で5月27日（スウェーデンの大学の

学年の終了日）に行われるが，その前に学部講堂で記念講演をすることが義務付けられているとのこと。また，服装は正式の礼装が要求されたが，カワバタと同様のキモノが望ましいという。（1968年に川端康成がノーベル文学賞を受賞し，和服姿で記念講演をしたことが先方の印象にあったのだろう。）講演の言語はスウェーデン語か英語だというので，英語ですることにした。この講演は拙編著『スウェーデン法律用語辞典』（2007，中央大学出版部）に附録として収めてある（269頁以下）[10]。

　そんなわけで，福岡に移転したのはこの騒ぎが収まってからである。福岡市での住いは福岡大学の外国人研究者用のゲストハウス。この建物は都心の高台にあり，立派なレストランも附置されており，申し分のない居住環境であった。

　九州大学の研究室は米国の大学の某女性教授と共用のため互いに一日おきに使用することになっていたが，福岡大学の研究室は綺麗な個室で，民事訴訟法専攻の坂口裕英教授の研究室の近くだった。同氏は私と同年の生まれですごく気も合い，しばしば彼の研究室を訪ねて民訴研究をめぐる四方山話に興じたりした。

　福岡での研究の中心は事実認定論で，後にこれに関する一書をまとめている。福岡滞在中に九州大学から法学博士の学位を受けた経緯については「座談会」で語っている[11]。

　福岡滞在中のことで特記すべきは，裁判所と大学との合同研究会への参加と西理判事との親交を深め得たことである。私はかつて同判事の優れた論文を読んで強烈な印象を受けたことがあり，かねて福岡滞在中に一目会いたいと願っていたのだが，偶然にも最初の合同研究会でその願いが実現できた。その後氏の自宅で食

事をご馳走になったこともある。なお，福岡高裁の裁判官有志を中心とする事実認定の研究会が私の事実認定論に注目してくださったことについては「座談会」で言及した[12]。

6.「湘南民事紛争処理研究会」とともに [13]

大阪地裁在任当時，民事訴訟法学会関西支部の研究会に参加して実務・理論の両面で大きな刺激と利便を与えられた経験にかんがみ，私には東京やその周辺では大学単位の研究会ばかり盛んなことが一種の知的閉鎖性を生む弊害があるように思われた（独自の学風を醸成する，というプラスの面があることも否定しないが）。私はこの思いをかねて親しい間柄にあった鈴木繁次弁護士や山田卓生教授（当時横浜国大教授）らに打ち明けてその賛同を得，ついに「湘南民事紛争処理研究会」を発足させることができた。1988年12月のことである。当時東海大学法学部に教授として在籍されていた元高裁長官（最高裁民事・行政局長も歴任）の西村宏一氏，民法学者の鈴木禄弥氏（東北大学名誉教授）もこれに賛同されて呼掛人として名を連ねてくださった。当初はたとい二人だけでも集まったら研究会を続けよう，続けることに意味がある，と悲壮な決意を鈴木氏らと語り合ったものだが，発足以来すでに30年に近い歴史を閲するに至っている。

このような会の発展については，裏方である事務局担当者の熱意と努力によるところが大きい。事務局担当者は長らく実務家側が鈴木弁護士一門の竹森裕子，彦坂俊之両弁護士，大学側は中山幸二（現在では明治大学），小田司（日本大学）の両教授である。とりわけ中山氏の並々ならぬ熱意と抜群の事務能力は同研究会の

発展のために不可欠だったといってよい。なお，竹森氏は現在(2015年度)横浜弁護士会の会長である。研究会のかつての若手メンバーが大きく成長した姿の一つの例証がここにみられる。

7. 定年退職後現在に至るまで——スウェーデン法三部作への取り組みと司法制度改革の検証

　私は70歳で本学を定年退職した後，引き続き3年間特任教授として本学にお世話になったが，この3年の期間満了をもって法学教育の現場から完全に絶縁することにした。もっとも，研究活動まで停止してしまうつもりは全くなかった。かつてスウェーデンの学者から聞いたジョークに「普通の教授と名誉教授の違いはどこにあるか？　普通の教授はあまり著作を書かないが，名誉教授は沢山書く」というのがある。前者は教育や学内行政に追われて多忙なため著作活動ができないが，後者は時間がたっぷりあるのでそれに没頭できるからだと説明された。特任教授の期間の満了とともに名誉教授となった私は，スウェーデンの名誉教授の真似事をしようと決意したのである。

　そうして取り組んだのが，『スウェーデン法律用語辞典』(2007，中央大学出版部)，『スウェーデン訴訟手続法』(2009，同)，『スウェーデン手続諸法集成』(2011，同)のスウェーデン法三部作である。これらの著作の仕事のかなりの部分はピースボートによる世界一周の船旅（約100日）中になされた。この船旅の経験で私は船が「動く書斎」として利用できることを知った。寄港地から寄港地までの間は自室で読書や執筆に専念できるからである（船内では様々な講演その他の行事が行われていたが）。それで，私は船旅

からの帰国後に船内の仕事を見直して著作を仕上げることに励み，著作が刊行できると，自分に対する褒美の趣旨と次の仕事をするために新たな船旅に出発することにした。こうしてスウェーデン法三部作を，さらに『検証・司法制度改革 Ⅰ[14]』(2013，同) を刊行することができた。つまり船旅を利用してこれまでに 4 冊の著書をものし，5 回の船旅を経験しているわけである。今，実は来年 (2016 年) 8 月末に横浜港を出発する第 92 回の船旅に申込済みである。これは現在取り組んでいる『検証・司法制度改革 Ⅱ』の完成を前提としている。今度の船旅は恐らく最後のものになるだろうと思い，次の著作は想定していない。船旅中の勉強は欠かさないつもりだが，特定のテーマの研究，著作はまだ決めていない。

　さて，くだくだしく「回顧」の部を書き綴ってきたが，どうやらこれで終わりに近づいた。最後に，私を本学に定年まで引き止めてくれた学生たちに対する心からの感謝の念を改めて述べて結びたいと思う。

　「座談会」でも述べたことだが，私が在官中に第一審の有罪判決に関与した松山事件の被告人が再審無罪になる日が近づきつつある一日，私が大学を辞職する（させられる）という噂が学内に流れたとのことで，それを耳にした数人の学生が私の研究室にやってきて，「先生が大学を辞めるという噂があるけれども，われわれは先生が好きだから，どうか辞めないでほしい」と涙ながらに訴えてくれた。それまでも，その後も一人として名前も顔も知らない学生ばかりである。その時の気持ちを私は「座談会」でこう語っている。「その時に私は，こうやって私を気遣ってくれ

る学生がいる神奈川大学というのは，なんてすばらしい大学かと思ったのです。私は，それまで正直なところ，大学を辞めようか大変悩みました。しかし私は，その時本当に嬉しくて，絶対にこの大学を辞めまい，定年までいようと決心したわけです[15]。」

あの時の学生たちの誰も私のこの文章を目にすることはまず絶対にあるまい。しかし，彼らの激励の言葉は私の脳裏に今でも生きている。この瞬間も私は研究活動の面で彼らの期待にいささかなりとも応えるべく半呆けの頭を必死に働かせているのである。

第2 展望？の部

8. 展望？

毎年夏は熱中症の予防策として論文（厳密には「論文もどき」）を書くことにしているのだが，今年（2015年）はこの原稿を書くことが『検証・司法制度改革Ⅱ』の校正作業と合わせて熱中症対策の格好の仕事になる。

頃日畏友濱田邦夫弁護士（元最高裁判事）から「法律職の専門性について」と題する講演論文の恵送にあずかった[16]。最高裁判事になる前は日本の代表的国際弁護士の一人であった氏は，この講演でまず，「2045年問題」ないし「Singularity（技術的特異点）と法律専門家の将来」について論じている。私はこの問題に全く無知だったが，「これはコンピュータ・テクノロジーの進歩によって，人類の知性を超える，言わば機械的な知性が生まれる特異点」だという[17], [18]。

続いて氏は法律専門家に必要とされる資質および知見につい

て私の「3Yの原則」——「柔らかな頭」「優しいハート」「勇気」——に言及されている。そして自分自身の経験上「勇気」が一番難しいと述べておられる[19]。濱田氏がこの講演において説くところは学生たちのみならず，私のような半呆け老人にとっても大切なことばかりである。氏は法律家が新たに勉強すべき領域として臨床心理学・認知心理学，脳科学・社会心理学，統計学・行動経済学を挙げておられるが，遅まきながら私も少しは真似しなければなるまいと思う（中には私がこれまで多少勉強してきたことも含まれている）。

さて，何時まで「論文もどき」が書けるか？　言い換えれば，何時まで学者もどきの生活を続けられるか？　虫の良すぎる願望かも知れないが，学者もどきの生活の最中にあまり人様に迷惑をかけることなく，またひどい醜態を演ずることもなくPPKでわが人生の最終幕を引くことができれば，と希求する次第である。その瞬間までたとい論文もどきにせよ，萩原だから書けた，あるいは萩原にしか書けない，といわれるような文章をちょっぴりでも多く書き残しておきたいものである。これが現下の私のささやかな（いや過大な？）願望，そして「展望」ということになろうか。

9. おわりに

目次では「はじめに」と対応させる意味で一応「おわりに」と書いてみたのだが，前節の末尾の文章が「おわりに」そのものゆえ，ここに改めて記すべきことは何もない。ただ，最近注記にふさわしい新聞記事を目にしたのでこれを書かせてもらうことにす

る[20]。

注

1) この座談会は栗田陸雄教授の司会のもとに行われ，郷田正萬，丸山茂，中山幸二，鶴藤倫道，坂本宏志，井上匡子の教員諸氏が参加してくださった。同座談会の内容は，以下においても「座談会」として随時引用させていただく。その「座談会後記」の最後に，鶴見俊輔氏の「磯野誠一は，人間としてものすごく偉いんです。」という発言を引用した。東京新聞 2015 年 7 月 24 日（金）夕刊は 1 面と 9 面の大部分を費やして，鶴見氏が同月 20 日に死去されたこととその偉大さについて詳しく報じている。このような偉大な存在である鶴見氏から「人間としてものすごく偉い」と評された磯野先生の素晴らしさをわれわれ本学法学部の関係者は改めて認識すべきだと信ずる。そして私自身についていえば，磯野先生から過分なご評価を賜ったこと，同じ職場で暫くご一緒させていただいたことは，私にとって望外の幸せというほかなく，もうそれだけで私はこの世に生まれてきた甲斐があったと思わざるを得ないくらいである。

2) 私はまことに幸運なことに人生の節目，節目で多くの先達・友人などから一方ならぬご好意，ご配慮に与っている。研究生活の関係で特記すべきは磯野先生とスウェーデン・ルンド大学のボールディング（Per Olof Bolding）博士である（「座談会」26 頁参照）。専業弁護士時代に物心両面で本当にお世話になった司法修習同期の的場武治弁護士については後にやや詳しく言及することにしたい（**4** 参照）。

3) 私のスウェーデン法研究については，交告尚史教授が過分のご紹介をしてくださっている（氏は東大教授になる前は本学助教授として良き同僚であった）。そこで氏は，私のスウェーデン留学の理由の一つについて「『スウェーデンのように性を解放したならば，嫉妬というものはなくなるのではないかと思った』と語ってくれた。随分

素朴な発想ではないか。」（交告「スウェーデン法への誘い（二）」55頁（法学教室356号（2010））と書いている。素朴な発想かも知れないが，これは退官当時の私にとって職業人としても一個人としても深刻極まる問題を成していたのである。とくに地方の中小の裁判所で扱う実に多くの事件は嫉妬が原因で家庭不和，離婚問題に発展したもの，嫉妬が原因で犯された殺人や傷害などであった。それに私個人としてもいずれ結婚しなければなるまいが，法の与える性的対象の独占の公認に伴う義務を終生順守することが自分ごとき煩悩多き俗人に可能かどうか，それに関連して嫉妬という人間の心中に潜む暴虎をどう馴致すべきか全く自信はなかった（父は離婚の経験者，祖父には妾がおり，彼女との間に二人の子を成していた）。どうもわが家系は厳格な一夫一妻制と相性がひどく悪いようなのである。私の両親は私が生まれてすぐ離婚した。もちろん嫉妬は単に男女関係・恋愛関係に限られない。男同士のとりわけ仕事に関連する嫉妬はある意味ではヨリ危険で深刻な問題を発生させることがありうる。しかしここでは男女関係・恋愛関係に限定して述べている。いずれにせよ交告氏の引く私の表現はやや言葉足らずで，真意は性解放の結果として嫉妬という感情は大幅に減弱するのではないかということである。実際，当時のスウェーデンの新聞記事等にみられる嫉妬に基づく殺人等の刑事事件の被疑者，被告人はスウェーデン人よりも移民その他の外国人居住者のほうがはるかに多かったという印象が強い。(村尾泰弘『家裁調査官は見た　家族のしがらみ』(2016, 新潮新書)は，「嫉妬」と「妬み」とは異なり，「妬みは，相手と自分という二者関係で生じるのに対して嫉妬は，もうひとりの人間を巻き込んだ三者関係で生じるところに特徴がある。したがって，妬みは嫉妬よりも根源的な感情と考えることができよう。」という（60頁）。厳密に心理学的にいえばそうかも知れないが，一般には両者が同意語として使われている（例えば広辞苑をみよ）。もちろん私も嫉妬を妬みも含む意味で用いていることを念のため記しておく。)

ちなみに，90歳を過ぎてなお活発な知的活動を続ける外山滋比古氏は「もともと，人間が特定の相手と何十年も一緒に生きていくなどというのは，かなり無理であると思われます。」（同『50代から始める知的生活術「人生二毛作」の生き方』（2015, だいわ文庫）99頁）という。その通りかと思うが，人類の歴史をみれば，今日の人間社会の繁栄は結局一夫一妻制の文化が一夫多妻，一妻多夫制の文化を圧倒し去った結果を示しているのである。嫉妬という感情は一夫一妻制と不可分的に結合し，この制度を強化したり逆に破壊したりしながら，その維持に大きく貢献するという重要かつ複雑な機能を果たしてきたのである。法律家，法学者は嫉妬という感情の（逆説的）重要性にもっと注意すべきだと私はかねて考えてきた。それが交告氏との対話の中で図らずも口に出たのだろう。（最近読んだ小説の話だが，村田沙耶香「消滅世界」（『文藝』2015 秋）の描く世界が現実のものになれば男女の結合形態も嫉妬という感情のあり方も一変するわけだが。これは一種の思考実験としても面白い試みだろう。）

4)　韓国語，ハングルに精通する川上英一弁護士（神奈川県弁護士会）のご教示によれば，チョイは英語読みの姓で，日本語の表記ではチェ，名はビョンウン，また漢字表記は崔炳殷とのことである。私の記憶では長年にわたる交友の中で，彼が英語表記以外を使用するのを見聞したことは絶無に近い。貴重な情報をご教示賜った川上氏に感謝申し上げる。

5)　当時は1ドル360円の時代だったから，物価の高いスウェーデンにおける学生生活の経済的厳しさは筆舌に尽くしがたかった。が，居住の場の学生寮は，机とベッド，シャワー付きの個室が与えられ，数室単位に専用のキッチンと食堂が用意されており，しかもその家賃は格安であった。地下にはマットを敷きつめたスポーツ練習用の場も備わっていた。隣接して学生レストランとディスコがあり，料理が苦手な私は昼食と夕食は可能な限りこのレストランで済ませていた。

地下のマットを敷いた部屋で，健康管理のために毎日少林寺拳法の型や受け身の練習をしているのが学生組合の知るところとなり，他の入居者の学生にそれを教えてくれと依頼され，香川県多度津の総本山の許可を得て「少林寺拳法ストックホルム大学支部」を正式に発足させることになった。私は下手の横好きで，少林寺拳法（中拳士三段）のほかにも剛柔流空手（一級），大和流愛（合）気道（初段），正木流万力鎖術（ただしこれは帰国後に始めたもの）などをかじっている。実力は大したこともないのだが，まだテレビが普及せず，日本の古武道が神秘的・魔術的なニュアンスと共に語られていた時代なので，大きな相手に力一杯か細い当方の手首を握らせたうえでその力を逆用して相手を倒してみせたりすると，みんなびっくりして人気が大いに高まってしまった。それは良いのだが，日本の大学紛争の余波で大学を退学したり，させられたりしてヨーロッパに流出した若者がストックホルムにも多数たむろしており，そういう連中の溜まり場に化しつつあることが悩みの種になってきた。幸いにもやがて北海道出身のいずれも中拳士三段の二人の若者がこの道場に参加し，指導を担当してくれるようになり，私自身は無用の存在になっていった。この支部道場がその後どうなったのか無責任のようだが全く知らない。帰国後の私は少林寺拳法となんら関係を持っていないので調べたこともない。ただ，何かの機会に少林寺拳法の指導者用の教範を一瞥する機会があったが，それにはストックホルム大学支部と支部長としての私の名前が載っていたと記憶している。
6）　留学中はスウェーデン語の生活に徹するつもりで，夢さえもスウェーデン語で見るよう努めたものの，語学の才能の乏しい私にとって中年からの新しい外国語はなかなか身につかなかった。それでも専門文献を読むことは割合容易で，日本では全くスウェーデン語の勉強をしていなかったのだが，勉強を始めてから数ヵ月後にはなんとか訴訟法の教科書などが読めるようになっていた（在官時代にドイツ語の法律文献をかなり勉強していたこと，大阪のゲーテ・イン

スティトゥートに通って中級課程を修了していたことなどが，プラスに作用した面も大きいだろう）。こういうスウェーデン語中心の生活の中で私は一見それと相反することに精出している。それは判例タイムズ誌への「北欧法律事情」と題する連載記事の寄稿である。これについては 3 で述べることにしたい。

7)　判例タイムズ社の草創期から約 40 年の歴史については，その時代の経営者であった外川晋吾氏の『「判例タイムズ」四十余年』（1991，判例タイムズ社，非売品）があり，極めて有用である。なお，本節における拙稿関係の記述については（株）判例タイムズ社代表取締役浦野哲哉氏から掲載誌に関する正確なご教示をいただいた。記して謝意を表する。

8)　本節の記述については，株式会社タウン・マネジメント・システムの代表取締役金澤弘允氏のご教示によるところが少なくない。記して謝意を表する。氏はイトーヨーカ堂の商品企画等に関する仕事を担当していた某社の若き一社員であった当時から，人材発掘能力に優れた的場氏の注目を浴び，一種のシンクタンクである上記会社の設立と発展については的場氏の支援が大きいと聞く。

9)　拙訳『民事・刑事訴訟実務と弁護士』（1985，ぎょうせい）がそれである。同書は「日弁連弁護士倫理叢書〈スウェーデン〉」として刊行されたものである。

10)　学位授与式の模様については「座談会」28-29 頁参照。

　　この名誉学位の学位記は全文ラテン語で，後日学務課から日本語の訳文を提出するよう求められてラテン語のできない私は困ってしまった。外国語学部のラテン語に通ずる友人に頼んだのだが難し過ぎると断られた。この窮地を救ってくれたのが日本評論社のベテラン編集者で多数のヨーロッパ語を解することで高名な横井忠夫氏である。彼とは法曹界切っての大読書人といわれた倉田卓次博士とのつながりで懇意な間柄であった。以下，ご参考までに氏の訳文を掲載する。

「最も優れて最も偉大な神の導きと統御により／スウェーデン国王カール・グスターヴ16世の恩寵と権威により／ルンド大学法学部の決定に基づき／最も卓越し，スウェーデン法に最も熟達した神奈川大学教授／萩原金美／を，名誉法学博士に本日正式に推挙し公告したことを証するため，／私／法学博士，公法学教授，正当に定められた学位授与担当者／グンナル・ブラムストング／は，本証書に大学印を押捺し署名するものである。／1992年5月27日　ルンドにて／グンナル・ブラムストング（署名）」

やや面映ゆいが，実に格調高い訳文で横井氏の教養の深さを自ずから偲ばせるものがある。ちなみに，氏は東大法学部の卒業時には研究者（それも民事訴訟法専攻）志望で助手採用に応募したが，商法の某教授は氏が緑会（法学部の学生自治会）の副会長，議長であったことから左翼の過激派学生の一人と誤解してか採用に強硬に反対し，その結果，ついに希望が叶えられなかったと聞く（後日，この教授は氏に黙示的だが陳謝の意を表したという）。氏にとっては理不尽な某教授の横車で自分の人生が希望通りにならなかったわけだから，その残念，無念さは察するに余りあるが，あるいは運命は氏の才能を十分に開花させるためには法学の狭い一分野の研究者よりも出版業の編集者のほうがふさわしいと判断したのかも知れない。いずれにせよ，氏が編集者になったおかげで，私は自分の著作について校正を超えて文章指導までお願いできるのである。最近の私は「横井日本語教室」という一対一の塾の生徒であり，何時も先生に叱られてばかりいる。しかし年を取っても叱ってくれる先生がいるというのはなんと有り難いことだろうか。ある畏友（東大教授）が「萩原さんの豊富な人脈が羨ましい」というので，はて私に人脈なぞあるのだろうかと思って聞いてみたら，「横井さんのような人と親しいことがその適例だ」というのが彼の答えだった。私にとってはなんとも嬉しい言葉である。

11)　「座談会」29頁参照。

12) 「座談会」33頁参照。同頁にいう，私に研究会の資料を送ってくれた裁判官とは，『検証・司法制度改革 II』（2016，中央大学出版部）208-209頁注4）で，西氏が最高裁裁判官になって欲しい唯一のキャリア裁判官とまで激賞している石塚章夫氏（現弁護士）である。
13) 本節の記述については，中山幸二「湘南民事紛争処理研究会100回を振り返って」上記研究年報所収の参照を望みたい。この論考は，設立の経緯等を含め研究会の活動内容について的確な紹介を行う労作である。
14) 『検証・司法制度改革 I, II』所収の論考の大部分はまず『神奈川ロージャーナル』に発表したものである。その編集委員会の委員長である栗田陸雄教授は私の論文もどきの論稿の掲載について常に寛容すぎるほどの好意的な態度を示され，私としては執筆上どれほど勇気づけられたか計り知れないものがある。もちろん拙稿の掲載の最終的決定は編集委員会の委員諸氏全員によるご判断の賜物であることは承知しているが，ここにあえて栗田氏に対する心からの謝意を表明することをお許しいただきたいと思う。
15) 「座談会」22頁。
16) 濱田邦夫「法律職の専門性について」成蹊法学82号（2015）所収（95頁以下）。
17) 濱田・同論文97頁。
18) 最近，『なめらかな社会とその敵 PCSY・分人民主主義・構成的社会契約論』（2013, 勁草書房）を発表して話題をよんだ鈴木健氏は「シンギュラリティの到来について僕は懐疑的ですが，昔では考えられないほど選別の精度が上がってきているのも事実です。」という（養老孟司『文系の壁 理系の対話で人間社会をとらえ直す』（2015, PHP新書）156頁）。実は私は鈴木氏の前掲書を読み始めたもののちょっと手ごわい感じで中断している。同書には内田樹氏によるネットでの絶賛に近い推薦文もある。同書を「名著だと思う」というこの推薦文は若い人に対する期待を込めた真摯で素晴らしい文章であ

る。私は最近内田氏の裁判員制度批判論をかなり手厳しく批判したが（『検証・司法制度改革 II』265頁以下），それはそれとしてこの文章は内田氏の資質の良いところが滲み出ているもので敬服した。

19) 濱田・同論文108頁。出典は拙著『裁判法の考え方』(1994, 信山社) 200頁。私はこの言葉に続けて「私はこれまでの法曹人生において，ものすごく頭のいい人が，十分な勇気を欠くためにその職務の遂行において必ずしも尊敬に値しない，という悲しむべき事例を目にしたことが一再ならずある。非才・小心の私にとって，こよなき他山の石にしてきたつもりである。」(201頁) と書いた。

20) 東京新聞2015年7月23日（木）朝刊30面にデジタルネーティブ世代の感性と，ずっと昔からあったアナログな画材で多くの人の心に響く作品を生んだ「れなれな」さん（18歳）の話が載っている。彼女は黒板に書いた絵が宮部みゆき『過ぎ去りし王国の城』(2015, 角川書店）の装画に採用された黒板アーティストで，「アナログでしか書けない。でも，デジタルで深みを出せる。それが面白いんですよ」と語っている。84歳（執筆時）の私は完全なアナログ人間である。その私が書いたこの雑文がデジタルネーティブ世代の読者にどれほどの訴求力を有するのか私には全く分からない。でも願望としては，それが多少なりともアナログでしか書けないような内容を有しており，読者諸氏によってデジタルで深みを出せるようなものでありたいと願っている次第である。年甲斐もなくちょっと気取った願望を述べてこの論文もどきの雑文の結びの注記としたい。

ところでつい先日，区の地区センターの図書室から借覧した漫画家ヤマザキマリ氏の『国境のない生き方　私をつくった本と旅』(2015, 小学館新書) を読んだ。彼女の極度に濃密で凄絶なまでの半生記は，改めてわが研究人生がなんとも微温的なものであることを痛感させる。これは是非とも手元に置きたい好著ゆえ，ヤマザキマリ，とり・みき『プリニウス I』(2014, 新潮社),『同 II』(2015, 同) とともに早速購入したが,『プリニウス』における「とりマリ対談」(著

者二人の対談）も興味津々たる内容である。

附　説　　書くべきか，書かざるべきか？

　以下は筆者自身としてはその判断に迷い，刊行委員会のご判断にお任せしたいことがらである。それはわが研究生活の経済的側面という問題である。本論文集には著しくふさわしくない文章という批判がありうることを懸念している（それに制限字数を超過している疑いもある）。ただ，私としては，若い人たちにとってたとい反面教師としてでも多少の意味があるのではないかとも愚考するのである。

　高学歴ワーキングプアということが話題になってすでに久しい。最近も「わたしはいま35歳。独身で実家暮らし，フリーターである。大学院を博士課程まででたものの，その後，定職につくこともなく，大学や塾で非常勤講師をしてきた。もちろん，これでは食っていくこともできず，というか年収80万円ほどしかないので，両親の年金に寄生して生きている。……ちょっとまえまではいくら探しても非常勤の仕事さえみつからず，5年間ぐらいだったろうか，ほとんど毎日，朝から晩まで部屋に引きこもっていた時期もあった。」というような驚くべき記述に接した[1]。

　知的生活をする者にとって経済的独立は極めて大切である。まともな知的生活は経済的独立を不可欠の前提にするといっても良い。私はこのことを若い時から骨身に徹して自覚してきたつもりである。私はズボラな性格の人間なのだが，経済，金銭に関することにはかなりキチンとしてきた（実質的な意味で借金というものはしたことがない）。これはどうも母系の遺伝子の影響らしい。母の弟つまり叔父は旧制中学を出て間もなくプラスティック関係の会社を興し，中小企業の集まりのこの業界で大いに成功し，全国的業界団体の長を務め，藍綬褒章も貰っている。マレーシアなどに系列会社を作ることまでしている。（もっとも，一流大学を出て，一流商社に勤務した経験を有する二代目は叔父の没後瞬く間に会社を潰してしまった。）この叔父から，私の母は金銭に厳しく，兄弟姉妹の間でも金銭貸借の場合にはキチンと相応の金利を支払うことを要求して

いたと聞かされた。母の再婚先は農家だが，母は農業の傍ら小金を貸すようなこともしていたらしい。私は母に司法試験に合格した時と死の直前の二回しか会っていないが，叔父とは修習生時代から親しい仲で，弁護士になってからはその会社の労務担当役員のような役割までしており，母のことはもっぱら叔父からの伝聞である。

　さて，裁判官に任官した私は，自分は能力において到底裁判官の器ではないかも知れないが，憲法の所期する重大な職責を精一杯果たすことを決意し，それができないときは何時でも職を辞する覚悟をしていた。ただ，裁判官をやめて弁護士になっても直ぐに生活ができるようになるとは思えないから，最低3年間は学生時代と同様の生活に甘んずるつもりで，そのために必要な金をまず貯金することを心掛けた。そして当時人気のあった「本田式四分の一貯蓄法」を実行したのである。これは本田静六博士という東大農学部の林学の教授が唱道した貯蓄法で，収入の四分の一を天引きして貯蓄するというものである（「臨時収入は全額貯蓄」というほうは完全には実行できなかった）。本田氏はドイツ留学中にドイツの学者から学者にとって経済的独立が重要であることを教えられて，この貯蓄法を発案したということである。私の判事補時代はGHQの裁判官優遇政策のおかげで裁判官の報酬は異常なくらいに高かったから，この貯蓄法の実行は易々たるものだった。

　そんなわけで，15年の裁判官生活の結果私はかなりの金額の預貯金を有していた。最初の留学生活では貧乏学生のそれに徹したから，丸3年に近い留学を経て帰国した後も私の預貯金はまだかなり残っていた（留学中の旅行では頻繁にヒッチハイクを利用したし，野宿をしたこともある）。「1. はじめに」で「預貯金と退職金をはたいて」と記したのは，当初の心情を示しているものの，結果的にはややオーバーな表現になる。だから，やがてバブルへと突き進む好景気の中で，多くの人々は金銭的欲望に翻弄されていたが，私は急いで弁護士業務に専念する気になれず，留学生活の延長の気分で研究中心の優雅な生活にひたっていた。居住するマンションの家賃はかなり高額だったが，それを数年間支払い続ける

程度の余裕はあったし，いざとなったら新聞配達か牛乳配達でもして最低限度の収入を得ようか，健康管理にもそのほうが良いだろう，などと呑気なことを考えていた。的場弁護士からイトーヨーカ堂のコンビニのライセンス契約への協力を求められたのはそういう状況の中でのことであった。

　もし司法試験に合格し，法曹になっていなければ，いったい自分はどうなったのだろうかと時折考える。一番可能性が高いのはホームレスだろう。最近はあまり見かけないが，以前は新橋駅などの構内でよく目にした老年のホームレスの姿を見るたびに私の脳裏を去来したのはこの思いである。

　そうならないで済んだのは，多少の自助努力に加えて幸運に恵まれたからだとしか思えない。四分の一貯蓄法にしても昔とは全く異なる現在の経済状況の中でそれが実現可能でメリットのある蓄財法ともいえない気がする（もっとも，ネットをみるとこの貯蓄法は今でも信奉者が少なくないようだ）。幸か不幸か私は家族，家庭を持たなかったため，結婚や子育てに伴う莫大な経済的支出を免れている。それが私のささやかな財産形成に寄与したことは疑いない（念のために断っておくが，上記のコンビニのライセンス契約を除いて私はイトーヨーカ堂と全く無関係である。一消費者としては自宅近くのセブン-イレブンを毎日のように利用しているが）。他方，私は家族が与えてくれる物心両面の幸せを失っているわけだが，生後間もなく母と別れ，幼少時に家族間の愛情を味わった体験のない私には，家族を持たぬ不幸というものが実感できない。ただ，家庭を作らなかったことは私を最も重大な社会的義務・責任からの逃避者という贖罪意識に苛まれる人間にした（これはあくまでも私個人の問題であり，その一般化をするつもりなど毛頭ない）。そしてそれが多少の研究上の成果を挙げることに駆り立てた。人様の目にはどんなに不出来に映ろうと，私にとって自分の著作は全て「かわいい我が子」なのである。この意味では贖罪意識も研究上はプラスに働いたといえよう。（誤解を避けるために附言しておくと，私が常人以上に家族関係に冷淡な人間だと

は思えない。早世した父に代わって三人の異腹の妹たちの結婚式では父親の役目を果たしたし，兄弟姉妹（同腹の者はいない）との仲はすこぶる良く，ここ数年は年に一回，兄弟姉妹とその家族同士の親睦の会を湯河原の私の行き付けの温泉旅館で行っている。）

　率直な打ち明け話をすると，現在の私は一応「富裕層」とよばれるグループの末端に属する程度の金融資産を有し，そこから日本のサラリーマンの平均所得をかなり超える収入を得ており，幸いにも年金を当てにすることを要しない，という現代日本の高齢者としては恵まれた経済的境遇にある。大した財産があるわけではないが，人様に迷惑をかけないで暮らすことができ，税金等をキチンと納めて多少各種の寄付などもできるという意味ではこれで必要にして十分といえるであろう。（ボケ防止も兼ねて投資については若干の勉強もしている。私見では人生の終末を見据えた高齢者の投資上の判断はしばしば証券会社や投資の専門家のそれに勝ることがあるように思う。彼らの意見を顧みないで損をしたところで自己の不明と諦めれば済む話，それに盲従して損をした時よりもずっと精神衛生上プラスだ。）

注

1) 栗原康『はたらかないで，たらふく食べたい——「生の負債」からの解放宣言』（2015，タバブックス）217 頁。私のような古いタイプの人間は，同書を興味深く読んだもののその論旨には必ずしも同調できないが，同書に対する書評はおおむね好意的，肯定的である。例えば121頁所掲の『文藝』におけるトミヤマユキコ氏の書評（559頁）。実は私もこの書評を読んで同書を知り一本を買い求めた次第である——ちょっと定価が割高だと思ったが，ほんのささやかな印税増加への協力でもある。ところで，「同調できない」と書いたけれど，栗原氏の「はたらかないで」とは「すきなことをして」ということと同意だから，私自身もそれを実践し，運良くある程度まで成功し得た人間の一人でもある。氏が一見過激極まる表現で主張している

ことは別にそれほど珍妙な意見ではない。「まあ頑張って」と声援を送りたいくらいである。

第4

わがピースボート最後の船上日誌
（別名「船上冗漫徒然草」）
——裁判員（候補者）のための反面教師でもありうることを願いつつ——

前説

　2016年8月18日から第92回目のピースボート地球一周クルーズが横浜港から始まった。合計104日の船旅である。（以下，クルーズの名称を車谷氏の後掲著書の表題に合わせて「世界一周クルーズ」ということにする。）

　この予約をして旅行代金を払い込んだのは1年以上前だが，最近，当時は予想もしていなかった体力の著しい低下に襲われ，この6月末には脊椎下部に複雑骨折が生じていることが判明し，爾来自宅外への歩行は著しく困難という悲惨な有様である。夕食はかつての行き付けのレストラン（今は70歳代に達した店主の体調不良のため閉店）の娘のM・Yさん（二世帯同居）の好意で，彼女に車で送迎をしてもらってそこで夕食を摂り（つまり事実上唯一人の顧客），帰りに彼女に手伝ってもらって近くのコンビニで翌日の朝と昼の簡単な食料を買って帰る，という食生活をしている（今や彼女

は私にとって献身的に親の介護に尽くす真実の娘に等しい存在である）。読者の多くは世界一周のクルーズなど論外と思われるだろうが，折角旅行代金を支払い済みなのだし，船内では三度三度の食事にありつけるので，意を決して乗船することにした次第である。そして船中では従前通り多少の勉強をして論文もどきを一つものし，すでに書き上げてある 3 篇の拙稿（一つは既発表，もう一つは同年末に発表予定）とともに，『残響と拾遺など・司法制度改革』（仮題—本書のこと）という間違いなく私の遺著になるはずの著作として刊行したいと考え，中央大学出版部の S・O 氏にもその意向を伝えてある。

　ところが，乗船以来体調の悪化はますます甚だしい。乗船直前にほとんど全ての寄港地でのツアーはキャンセルしてしまったから，時間はたっぷりあるのだが，とても論文もどきを書く気力はありそうにない。一日の大半をベッドの上で横になったり，起き上がって楽な姿勢をとったりして呆然と過ごしているような有様。目も少し痛くて文庫本などは読むのが苦痛だ。しかるに，なぜか脳裏には予想外の多様・雑駁な想念が去来するのである。で，この「つれづれなるままに……心にうつりゆく由なしごとを，そこはかとなく書き付」け，兼好法師のひそみにならって本稿の別名に拝借したいと愚考する。謹んで兼好法師に無断借用をお詫びする次第である。

1. はじめに

　当初考えていた本稿の題名は,「車谷長吉『世界一周恐怖航海記』(2010, 文春文庫) を読む——著名作家と凡庸な法律家とのすれ違い疑似的対話——」というようなものだった。

　今度のクルーズ参加が間違いなく最後のものになるはずなので, わが最後の「論文もどき」の中で, 船上日誌めいたものも書き残しておきたいと思う。そしてその参考とするために著名な作家のピースボートクルーズの記録である上掲書があることを思い出した。

　実は1, 2ヵ月前から足腰が急に衰弱し, 前説で述べた通り僅かな歩行にも難渋する身体になってしまった。85歳 (執筆時) の老人としては止むを得ないことだろう。で, 寄港地でのツアーはほとんど全てをキャンセルし, 携行する書物は, 専門書として拙著『検証・司法制度改革 II』のみ, 専門外の著作として『徒然草』(角川ソフィア文庫) と Essays in Idleness, translated by Donald Keene, Charles E. Tuttle Co. その他ほんの数冊にとどめた。船中では自己のパソコンで, インターネットを使うことができないので, これを逆用して自分なりの思考に専念することにし, そのためにはむしろ参考文献皆無のほうがプラスになるかも知れないと考えたのである。「下手の考え休むに似たり」に終わる危険もあるが (上記拙著の持参は裁判員制度等の再考に資するためである)。

　さて, 車谷氏の本のことだが,『文學界』で初出の文章の一つを読んで, 氏のクルーズ参加のことを知り, いずれ全文を読んで

みたいと思いながら，一本にまとめられたものは今度読むのが初めてである。この人の著作について私は初期の『鹽壺の匙』に深い感銘を受け，また直木賞受賞作『赤目四十八瀧心中未遂』もかなり興味をもって読んだけれど，その後の著作についてはあまり熱心な読者ではない。しかし，著名作家の船上日誌を熟読しないで，自己の船上日誌を書くのはやや怠惰の誹りを免れまいと思案し，携行する僅かな書籍の中に氏の上述航海記（以下，本稿では「同書」という）を加えたのである。ちなみに，氏の乗船は第52回（2005年12月26日-2006年3月30日），船はトパーズ号，私はそれに近接する第49回（2005年5月21日-8月31日）に乗っている。だから，ほぼ同様の船上体験をしたといえよう。これが私の最初で，現在のクルーズは6度目，船はオーシャンドリーム号に変わっている[1]。

当初は一度に通読することなく，ほぼ同じ航海日に当たる箇所を丁寧に読んで執筆の参考にしたいと思っていたのだが，それでは文意が良く分からない箇所もあるので，やはりまず一気に通読してみることにした（例えば，第1日の記述の中に同行者として夫人に加えて「詩人の新藤涼子さん」が出てき（9頁），この人は同書の中でかなり重要な位置を占めるが，彼女についての詳しいことは終末に近い140頁，143頁（なお29頁）まで読まないと分からない（2006年3月23日で74歳になる）。夫君（故人）は元産経新聞論説副主幹，近畿大学中国文化史教授）。

一応通読した結果，著者と私とは予想外に共通・類似点があると同時に，当然のことだが人・物の見方，考え方などに様々な点で大きな違いがあることを痛感させられた。それに私にはもとよ

り氏の文学を的確に評価する能力なぞないにせよ，小説とは異なる同書のような散文においてあまりにも独断と偏見が甚だしいように思われて大きな違和感を抱かざるを得なかった（この違和感については後述）。で，同書を通じた限りでの氏との一種の対話（のようなもの）を試みてみるのも一興ではないかと愚考するに至った。つまり，同書の内容を読者の私に対する発言と捉え，それに応答する私見を対置して，疑似的に一種の対話として構成してみようと思うのである。（ただし，対話の内容は原則として船上のことに限りたい。）

今度の船旅では体調の悪化からほとんどの寄港地でのツアーをキャンセルしてしまったので，これは余った時間の処理のための格好の方策になりうるのではないか。（図書室備え付けの本が今回はすこぶる貧弱であること，またルールが変わって自己の船室へ本を持ち出すことが禁じられたことも時間つぶしの対策の必要を増加させている。）

ただ，氏はすでに物故されている（2015年5月17日）ので，不当な私の批判に対してありうべき反論の機会を奪われており，私としてはその点に深く留意しつつ書き進めることにしたい。加えて，未亡人は文章のプロであるし，氏には多くの熱烈なファンが存在するので，これらの人々からの再批判も期待できよう。それが私に対する一種の抑制力として働くはずである。

まあ，こんなことを考えつつ，最初はこの疑似的対話を本来の船上日誌の原稿の附篇にするつもりでいたのだが，次第に同書の内容を契機としてこれに触発された私見もふんだんに展開してみようという気になった。つまり，附篇を昇格させて船上日誌の本

篇にしたくなったのである。乗船以来体調はますます悪化し，同じ階の直ぐ近くのレストランまで往復するのも難事で，1日の大半をベッドの上で呆然と過ごしているような有様。このままでは頭も本呆けになってしまいかねない。せめてこの疑似的対話を頼りに脳の本呆け防止を図りたいと切に考えざるを得ないのである。附篇から本篇への昇格は「したい」というよりもむしろ「せざるを得なくなった」というべきか。

こうして，本来の疑似的対話と，それとはあまり関係の無い私見とが混在するやや奇妙な以下の文章が生まれることになった。読者には羊頭狗肉の感を与えるかも知れないが，半呆け老人の窮余の一策としてご海容を賜りたいと思う。

ところで，上述した違和感というのは，同書には実に多くの独断と偏見が満ちており，私のようになるべく公平な記述，論述を心掛けてきた者には耐えがたい反感を喚起することを意味する。実は私は生来，氏以上に独断と偏見を好む人間かも知れない。しかし，20歳代，30歳代を裁判官として過ごした私は，「裁判官は公平（公正）のプロ」であるべきだという先輩の教えを肝に銘じ，公的生活においてはもちろん私的領域でも公平であることを心掛けてきた[2]。また，これは法律学研究者にとっても不可欠の要請だといって良い。

他方，直木賞受賞作家である氏は，読者，ファンの期待に応えるために氏特有の魅力というべき独断と偏見（と私には思われるもの）を書かざるを得ないのだろう。そのことを理解しつつ，本稿では私の違和感を率直に表明することをお許しいただきたいのである。今回の乗船以来私の体調はますます悪化し，それと符節を

合わせるかのように古ぼけたわがパソコンのワードは時々機能不全に陥り，メカに弱い私を嘲弄しているかのようである。それらの鬱憤晴らしにこの疑似的対話を利用する面があるのを認めざるを得ない。つまり私も本稿では公平の仮面を脱ぎ捨てて本来の馬脚を現している観がある。本稿は「言いたい放題」の同書に対する私の言いたい放題の返答になるだろう。こうなると，上記の自戒の歯止めがどこまで利くか怪しくなってくるかも。が，頭の片隅には，こういう文章も，私が主要な読者の一部として想定する裁判員（候補者）のために反面教師として役立つ面があるかも知れないと我が田に水を引く強弁をしたいのだ。すなわち，読者は極論と極論との応酬を通じて裁判における公平の大切さ，難しさを実感できるのではないか，と愚考するのである。「裁判員（候補者）のための反面教師……」を本稿の副題としたゆえんである。

　加えて，本稿は私の最後の「論文もどき」になるという強い予感がするので，思い切って自分史的な記述もしておきたい。最近，かつては禁欲していたこの種の記述を多少ものしたので（拙稿「わが研究――回顧と展望？――」（『神奈川大学法学部50周年記念論文集』（2016）所収），本書**第3**），ここでは「毒を食らわば皿まで」と開き直って書くことにする。これも車谷氏の文章（例えば176頁）に触発された面がある。（船中で河合隼雄『母性社会日本の病理』（1997，講談社＋アルファ文庫）――図書室備え付けの本，以下，特記しない限り船中で読んだ本は全て同じ――を読んだ。ユング心理学で高名なユングについて「ユングは，自分自身の個人的なことについて話すことを嫌う人であった。しかし，晩年になって弟子たちのすすめに従い，自伝を書き上げた。」（139頁）とある。自分の行為について別に偉い人

を引き合いに出して弁護するつもりは毛頭無いけれど引いておこう。なお，船中で読んだ本はみんな拾い読み程度に過ぎず，通読したものは無いことをお断りする。終日体調不良で気分が優れず，また目が少し痛むので読書に専念できないのである。船中で完全に通読した本は持参したものも含めて車谷氏の航海記だけである。実は井筒俊彦『意識と本質　精神的東洋を索めて』(1991，岩波文庫) も一応最初から最後の頁まで目を通したものの，的確に理解できたとは思えない箇所も多いので，完全に通読したとまで言い切る自信が無い。)

　以上，あらかじめ自分の弁護活動をしておく次第である。もっとも，この文章の最終的な公表の可否の決定は，平素私の文章の助言者をしてくださっている年来の某畏友 (出版社の元ベテラン編集者で，多数の外国語を解することでも高名な人) に読んでもらって，そのご意見を拝聴したうえで行うことにしたい。私とて無闇に婉節を汚すことは避けたいからである。

2. 車谷氏と私との若干の共通・類似点について

　氏は囲碁，将棋，マージャン，チェス，競馬，競輪，競艇，オートバイ・レース，パチンコのどれもしないとのこと (85頁)。実は私も全く同じなのである。そんな人が他にいるとは思っていなかったので，なんだか一気に氏に親近感を覚えてしまった。

　また，家庭環境などについてもやや類似するところがあるらしい。氏は播州飾磨の没落小地主の倅という (12, 45頁)。私は上州高崎の平均的自作農の倅 (長男)。氏の母上は同書執筆時も健在，卓越した人生観の持ち主で，氏は深く敬愛していることが窺われる (59, 79-80頁)。それに引き換え，私の両親は私の生後間

もなく離婚し，母は再婚したので，私は司法試験に合格した時と母の死の直前の2回しか母に会っていない。わが家には私が小学校に入った頃新しい義母が来たが（つまり父の再婚），私はそれまで誰が母代りに幼少時の自分の面倒をみてくれたのか記憶が無い。多分住み込みの子守の娘さん（当時，中程度の近傍農家におけるその存在は決して贅沢ではなく，むしろ労働力として必要だった）がしてくれたのだと思う。このことは氏と私の結婚観にも微妙に影響しているような気がする。

　ところで，対話となるとどうしても二人の年齢差が大きな障害になるかも知れない。同書執筆時の氏は60歳（12頁，1945年生まれ。ただし，末尾の「＜文庫版によせて＞……」のみ64歳時の執筆（175頁）。以下，氏およびその関係者の年齢について同じ），現在の私は85歳（執筆時）（1931年生まれ）である。私の独断では概してまだ60歳代ぐらいの人はどんなに優れた想像力の持ち主でも80歳代の老人のことを真に"体解"するのは至難だという気がする。だから，このことを前提としたうえで，あえてこの疑似的対話を行うゆえ，最初の表題に「すれ違い」を冠した次第である。

3．やや一般論的な記述

　氏は独立と自由を最大限に尊重する人だと思う。25歳で世捨て人になることを決意し，「総会屋の手下，旅館の下足番，飯場の下働き」など社会の底辺と裏側をさまよう生活をされた（41頁）。しかし，氏の文才を高く評価する編集者に説得されて，38歳の時小説家になる決心をして東京に舞い戻り，多少の迂余曲折はあったが，小説家として直木賞を得るなど成功者としての人生

を歩んできた（57, 74, 93頁）。自身,「世俗的な成功を得た」と書いている（74頁）。

　また, 48歳で才色兼備の詩人である夫人と結婚し（70頁）, 世にも羨ましいような結婚生活を満喫されているようだ。このことは同書の随所の表現に窺われる。高価な都心の住宅の購入も世界一周クルーズへの参加も自分の意思ではなく, 夫人の意思に従ったものだとのこと（7-8頁）。「私をこの世に繋ぎ止めているものは, お袋と順子さん〔夫人〕の慈悲だけである。この二人がいなくなったら, もうこの世にいる意味はない。」とまでいう（59頁）。私にはこの最後の辺の記述がどうにも分からない。

　私は凡庸な法律家として外面的には世俗に合わせる生活をしてきた者である。しかし, つとに人生は「独生独死独去独来」だと覚悟し, 85歳（執筆時）までの人生を独り暮らしで生きてきた。それで別に淋しいと思ったこともない。自分のことは自分でも良く分からないのだから, 他人に自分のことを的確に理解・評価してもらおうなどというのは土台無理な話。どんなに深く愛する相手であっても過剰な期待をかけるのは結果的に相手の自由を束縛するわけで, 厳に慎むべきではないのか（とくに夫婦・親子の場合）。作家として人生の真実を常に模索・探究してきたはずの氏がどうして上記のようないささか甘過ぎる（と私には思える）他者依存の生き方を是とされるのか不思議である。

　母上や夫人無しにはこの世にいる意味は無いとまでいわれる氏は,「早く死にたい」という（57頁）。凡俗の私は, 折角たまたまこの世に生を享けたのだから, それを大切にしてあまり人様に迷惑をかけない限りこの貴重な生を全うしたいと切に思う。まだ知

らないこと，勉強しなければならないことは山のようにあるのだから。これに関連して看過できない氏の暴言について一言批判しておかなければならない。氏は，「この世の中で救いを求めようとすれば，文学・藝術の創作以外には救いはない。」（77頁）と断言する。これが氏にとってそうだというのを超えて一般論としてであれば傲慢も甚だしいというほかない。文学・芸術の創作の才能がある者は極めて限られている。その他の人々はそれぞれの仕方で救いを求めているのだ。例えば現在の私は法律学の狭い一分野の研究を生き甲斐にして晩年の日々をそれなりに充実感に満たされて生きているのである。

　早々と少し論争的になってしまった。話をなるべく時間的順序に従って行う，という当初決めた方針に戻ることにしよう。でも，その前にもう少し一般論を許されたい。

　私が同書についてまず気になったのは『恐怖航海記』という一見おどろおどろしい表題である。それだけ読むとピースボートのクルーズは恐怖旅行だという負のイメージを与えかねない。（氏はピースボートやジャパングレイスのスタッフについてすこぶる好意的な評価をしているから（139-140，168頁），負のイメージを与える意図など無いと思うが，それとこの表題の与えるイメージとは別物である。）私はピースボートのクルーズを極めて高く評価しており，このクルーズの費用に比べればその何倍も高い一般の商船会社のクルーズとの厳しい競争の中でこれを絶対に敗北させてはならぬ，その敗北は日本人と日本社会に対して少なからぬダメージを及ぼす，と確信している。（ピースボートには「ピースボート災害ボランティアセンター」というもう一つの顔がある。それは阪神淡路大震災の

時に始まって，東日本大震災，熊本地震における災害支援活動で大いに活躍している。私自身も一サポート会員としてささやかながらこれに関与させてもらっている。)

だから，同書の表題が与えかねない負のイメージを払拭するためにもこの表題を批判する文章を書く必要があろうかと意気込んでいた。ただ，同書を読んだ結果として，氏にはこのクルーズを恐怖航海というつもりは無いらしいことが理解できた。もっとも，氏はピースボートの船内での諸活動については全く興味を示していない。船内で行われていた水先案内人（特別講師）による講演（その中には極めて貴重なものが少なくない）などほとんど見向きもしていない。

氏が恐怖航海といわれる「恐怖」とは，直木賞受賞後の今なお悩みつつある頑強な強迫神経症等（70頁等）に対する恐怖ではないかと想像される。そう思うのは，私は今回の乗船後足腰の劣化が一段とひどくなり，両足が冷え冷えとして自分の肉体の一部のような感じがしないからである。正直のところこのクルーズを無事終えることができるかいささか心配である。だから，この船上日誌は私にとってまさに足萎え，加えて脳の本呆けに対する恐怖という「恐怖航海記」だともいえるのである。

ところで，氏は夫人とともに，「千駄木　蟲息山房」と染め抜いた派手な法被を着ている（背中には大きく「長吉」と名前）。直木賞作家の氏は黙っていてもいずれ他の船客の注目の的になっただろうが，これではまさに動く広告塔みたいなものだ。エピクロスの金言「隠れて生きよ」をモットーとする私は理解に苦しむ。氏は「文学者は過剰なのだ」という（142頁）。若い時「世捨人」

だった人も作家になったらチンドン屋に変身するというのか。私は作家になぞならなくて本当に良かったと痛感する（なれる才能も全くないが）。ちなみに，私は船上ではなるべく自分の職業面のことを語らないようにしてきた。それでも一部の人には知られてしまい，法律相談などを持ち込まれたことも何度かあった。また，「憲法9条の会」の人たちの懇請を受けて止むを得ず船上講演を3回したことがある（本書**第6**）。

4．日付順に即した記述

さて，これからは日付順に書くことに努める。
平成17年
12月29日（木）

　Kという船客が，その友人に「車谷さんは，日本三大作家の一人だ。」といわれたという話を車谷氏にしたとのこと。「あとの二人は，誰と誰だろう。うちの嫁はんは『漱石と鷗外よ。』と言うのだが。」(18頁)

　夫人がそういうのはある意味で微笑ましいにしても，そんなことを堂々と同書に発表できる車谷氏の神経が理解できない。内心そう思っているのかも知れない。作家は誇大妄想者でもあることが必要なのかも。

　でも，さらに再考してみると古今東西の名作がそれこそ山のように存在することを承知のうえで，自己の作品を発表しようとするとき，全ての作家は一種の誇大妄想に駆られなければ執筆の意欲が湧かないのではないだろうか。それにこれは何も作家に限らない。あらゆる学芸の世界で，なんらかの創造的（と自分では

思う）な仕事を試みるとき，人は一種の誇大妄想に囚われているのだともいえよう。例えば，最近の私はもはや本格的な法律論文を書くことができず，論文とエッセィの中間みたいな「論文もどき」の産出に没頭しているが，自分ではこれをひそかに余人には代えがたい独自の価値を有する知的営為だと自惚れているのである。車谷氏を軽々に批判するのは間違っているかも知れないことを留保する。

また，同日の記述にいう。「私は大部分の時間を，図書室で本を読んでいる。ほかにすることがないのだ。」(18頁)。

しかし，3月29日（水）の項を読むと，氏は船上で同書の原稿等を書いていることが分かる（173頁）。その執筆など何時でもどこでもでき，特段の時間を要しない片手間仕事に過ぎぬということか。さすがに文章のプロは凄いと驚嘆する一方，そんな程度の仕事の成果である同書を真剣に精読，熟読している自分が少々腹立たしくなってくる。仕事の成果とそのための努力とは必ずしも連動しないという冷厳な真実を知らぬわけではないけれど。

凡庸な私は今回もパソコンを持ち込み，わが船室を「動く書斎」として利用し，毎日3－4時間ぐらいは仕事ないし勉強をすることにしている（腰が痛むので，従前のクルーズの時ほど長時間は持続できない）。だから退屈したことなどない。

平成18年

1月4日（水）

「私がこれまで生きて来た経験によれば，性格のいい人は早く死に極楽へ行く。性格の悪い人は長生きし，地獄へ行く。」(35頁)

地獄，極楽があるかどうかはともかく，あるとすれば一般論として私も同様に思う。したがって，私が地獄へ行くことは必定だろう。が，極楽よりも地獄のほうがスリルに富み面白いかも知れない。

　この頁の最後にいきなり「この船の中の客，みな盲(めしい)の民なり。」と出てくる。なんとなく分かる気もするが，文章の専門家なのだから，私のように愚鈍な読者にももっと分かるように書くべきだろう。

　次の頁に，三上卓氏の「昭和維新の歌」というのが掲載されており，その中に「盲ひたる民世に踊る」という文が出てくる。これが前の頁と関連するのだろうが，車谷氏自身による説明は何もない。サービス精神ゼロの文章だ。1月8日（日）の項で，寺田透『和泉式部』（筑摩書房）について「寺田透は人並みはずれて頭のいい人であるけれども，自分より頭の悪い人があまたいることは理解できても，ついに納得できない人である。頭の悪いやつは相手にせず，という態度で，この本は書かれている。」(45-46頁)と評している。だが，車谷氏の上記文章にも同様の批判が当てはまると半呆け老人の私には思えてならない。（ただし，寺田氏の著書を私は未見。）

1月7日（土）

　「広告屋時代〔学校を出て東京日本橋の広告代理店に勤務，25歳の時辞職―― 41頁〕に感じていた『人生の大事』とは，世捨人になることだった。」「私は生を楽しむことが嫌いだ。苦を楽しみたい。困った人だ。」(42頁)

　しかし今の氏は，世捨て人どころか世俗的な意味でも完全な成

功者で,しかも現代日本では稀にみる理想的な結婚生活に恵まれている。「苦を楽しみたい」など文学的表現にしても舞文曲筆の類いではないのか。千差万別の苦があろうが,私自身の僅かな体験に徴しても本当の苦はのたうち回るようなもので,それを楽しむ余裕などありはしない。船上における私の体調不良でさえ,楽しむ余裕を与えてくれるごとき生半可なものではない。

1月8日（日）

　Y火災海上で取締役にまでなったK氏は,定年後山中湖畔に別荘を建て,これまでのサラリーマン（会社員）人生でお世話になった年下の人たちをそこに招いて食事・酒を提供し,愚痴の聞き役をするという一種の「恩返し」の生活をしているとのこと（44頁）。同氏からこれを聞いた車谷氏は,「男は絶対に愚痴,泣き言,小言を言うてはいけない,という掟をみずからに課して生きて来た私」（同頁）云々と,次頁にかけてK氏に批判的なことを述べる。

　だが,25歳で早々とサラリーマン生活から脱退してしまった車谷氏は,生涯をサラリーマンとして過ごす以外にほとんど選択肢のない圧倒的多数者の苦労,心労をどこまで分かっているのだろうか。（後年,堤清二氏に拾われて西武セゾングループの嘱託社員になったが,これは普通のサラリーマン生活とはいえまい（41, 166-168頁）。）

　私はサラリーマンの経験は皆無だが,弁護士として会社の法律顧問的業務を通じて垣間見た彼らの実態は筆舌に尽くせぬ苦労,心労を伴う面があり,時に愚痴をこぼしたくなるのも当然という気がする。

ゆえに私は車谷氏とは異なり、K氏に敬服する。実は私も山中湖畔にささやかな別荘地を持っているが（建物はない）、かりに私がある程度まで成功したサラリーマンであったとしても、K氏のような立派な行動がとれるか怪しいものである。

車谷氏の上記の男の掟なぞ別に偉そうにいうほどのことでもないだろう。私自身もそうしてきたつもりである。これまで独り暮らしだから、愚痴などこぼす相手はおらず、親友もいないのだが。

なお、この日の、寺田透氏の著書に関する記述については、すでに1月4日（水）の項で述べた。

1月9日（月）

食堂でサービスをする人たちの「落ち度を口汚い言葉で罵る日本人。貧しい人たちに横柄な態度を取る、傲慢な、醜い日本人。……金の力だけを信じているのだ。ああ、厭だ。」（48頁）

1月26日（木）の項で再述するが、同書には他の乗客に関する侮蔑的表現が頻出し、苦々しい限りである。上記もその一例。少なくとも今回の乗船で私は「貧しい人たちに横柄な態度を取る、傲慢な、醜い日本人」を見受けない。レストランで周囲を眺めてみても、みんなサービスをする人たちと対等な態度で、和気あいあいと付き合っているようだ。氏の乗船時はまだ日本の異常な経済的繁栄の余波が残っていたゆえ多少氏のいうようなことがあったかも知れない。私自身は氏よりも数ヵ月前に乗船しているがその当時のことをあまり記憶していない。しかし、氏が「ああ、厭だ」と嫌悪感を吐き散らすほどの現象があったか疑問に思う。私が鈍感なのか、それとも氏は常に日本人船客蔑視の色眼鏡

を掛けているのか。どうも私は後者の疑いを捨て切れない。

　上記と関連するかどうか分からないが，以下のことを書き添えておこう。私はキャビン・アテンダントとの約束で，10時から11時までの間に船室内の整理をしてもらうので，その時間帯には8階の共用スペースの廊下の椅子に座って海を眺めたり，図書室の本を拾い読みしたりしている。先日，以前のクルーズで知り合った人と雑談をし，「我が老耄5戒あいうえお則」なるものをしゃべっていたら，立ち聞きしていた人が真剣な口調で「キチンと説明してくれ」と求めてきたので，ここにご披露しておく。

　これは数年前散歩中に思い付いたものだ。「あ」は「あわてない」，「い」は「いそがない」，「う」は「うろたえない」，「え」は「えらぶらない」，そして「お」は「おこらない」である。最初の二つは同じことのようだが，とても大切だと思うので繰り返してある。（帰国後に読んだ外山滋比古『老いの生理学』（2014，扶桑社新書）は，長生きするためには「怒って良し」（62頁以下），「威張って良し」（83頁以下）だと説くが，直ちには賛成しがたい。私は氏の著作の愛読者であるけれど，同書については残念ながら上記箇所を含めて賛成できない論述がかなりみられる——その理由はここでは割愛する。）

　車谷氏の言動はどうも「え」に反するような気がする。同書における氏の文章は総じて傲慢と謙虚が同居しているかのようである。もっとも，本稿の文章も同工異曲の誹りを免れないかも。

1月25日（水）

　「この世への執着として，吉田兼好は『徒然草』を書き残した。……お笑い種（ぐさ）だ。」「『徒然草』は絶望の書である。佛道修行にも実は救いがないことを知らしめる書である。それでいて兼好は自

殺もしなかった。天寿を全うした。愚か者である。」と書く（78頁）。唖然！　こんなことを書いて恥ずかしくないのか？　極めて一面的な徒然草理解に基づき，日本が誇る傑出した一大古典の著者を愚か者と断定する。どうしてこんな浅薄で断定的な言葉が吐けるのだろうか。車谷氏はふざけているのか，本気なのか。この「愚か者」などという言葉は，ブーメランのごとくそのまま戻って氏を直撃することは確かである。

　ところで，ここで書くのが適切かどうか分からないが，以下，私の人生観の一端のようなものをご愛嬌までに披露しておこう。私の独断によれば，人間とくに男にはその人生を決める幾つかの基本的欲求がある。それは①権力，②金，③名誉（声），④性愛，⑤自由である。政治家は①，経済人は②，概して学芸の世界の人は③を求めるといえよう。例えば①に②等が，②に①等が随伴することも少なくないが，政治家になる人は究極的には金よりも権力を選ぶのである。③についていえば学者，研究者（とくに理系）には「真理の探究」を標榜する人が多いけれど，同時にノーベル賞などの栄誉を目指している人も少なくない。名声は名誉とはやや異なるが，ここでは便宜上同一に扱っておこう。アーティストや芸能人は名声を求めるだろう。④と⑤を求める人は各種の職種・職域，無職の世界に潜在していよう。25歳で脱サラをして世捨て人になったという車谷氏（41頁）も，その時点では⑤に当たると思う。

　私自身は自由を自分の人生の最大価値と信じてきた典型的⑤人間である。私が犯罪を働かないのは，もちろん職業柄もあるが，刑務所に入れられると自由を完全に奪われてしまうことを怖れる

からだ。自由が私を一応善良な市民に引きとどめてくれたのである。結婚も私にとっては自由の大きな侵害者である。家庭，家族を作らなかったゆえに私は往々最大の社会的義務・責任からの逃避者ではないかという贖罪意識に苛まれるけれど，どうにも致し方のないことである。

　（たまたま船上で，田島みるく文・絵『爆笑育児エッセイ＆マンガお子様ってやつは』（1998，PHP 文庫）を読んだ。その中で著者は「私は，子どもをサルから人間にしてやるのが親の使命であると思っている。」（196 頁）と書いている。本当にその通りだと思う。同書には結婚・子育ての苦労と楽しみが活写されており感動的である。こういう経験の皆無な私などこの種の問題について偉そうなことをいう資格は全く無いことを痛感する。この点では車谷氏も大差ないのではあるまいか。）

1 月 26 日（木）

　「母のおしえ。人間はみな卑しい。欲どしい。卑しいことない人はおらへん。云々」（79 頁）。本当にその通りだと思う。母上は人生の達人である。優れた母上に恵まれた氏は幸せである。生前の母にたった 2 回（司法試験に合格した時と死の直前）しか会ったことの無い私には羨望の限りである。

　ただ，この母上のおしえを自戒のための金科玉条としつつ，それを一歩でも超えるよう努力するのが子たる者の義務ではあるまいか。私自身はたしかに卑しい人間だが，この世にはそうでない人が沢山いたし，今でもいることは確言できる。いや，一人の卑しい人の中に潜んでいる卑しくない面が時に顔を出すこともある。釈迦に説法だが，人間とはそういう複雑な存在なのだ。ちなみに，身体の極度に不自由な私は，船中で多くの人々から数知れ

ぬご配慮，ご助力を蒙っている。弱者に対する自然な親切心・行為も人間の一面だと痛感する。

　関連していえば，1月9日（月）の項でも触れたように，同書には他の乗客に関する侮蔑的表現が頻出し，苦々しい限りである。とくに女性に関する表現がひどい。「男あさりがしたくて二十歳(はたち)の娘のような格好をしている老婆の群れ」(56頁)，「色婆ァ」(72頁)，64歳の女性を「老婆」(83頁)，「セクシー婆ァ」(138頁)，「七十過ぎの婆ァ」(140頁)，「糞婆ァ」(140, 143頁)等。自分の伴侶のことは概して手放しで褒めているのだから，他の女性に対してもこういう無礼な表現は慎むべきだろう。決して女性に阿るわけではなく，通常の言語感覚を持つ日本人としてそう思うのである。男についても，自分のことを「糞爺ィ」というのはもちろん勝手だが，他人のことを容易く「糞爺ィ」呼ばわりすべきではあるまい（140頁）。（私自身は85歳（執筆時）の名実ともに「末期高齢者」であり，他人から爺ィと呼ばれることになんの抵抗も無いが。）車谷氏は言語感覚が鋭いのか，ある面ではひどく鈍感なのか？　もっとも，こういう極言をするところがファンにとっては堪らない魅力なのかも。

　ところで氏は，「私はあくまで佛教徒であり，お釈迦さまのお教えを心の一番深いところにおいて生きている。」(175頁)。仏教について浅薄な知識しか有しない私は，「慈悲（心）」は仏教の最も重要な教えの一つと思うのだが，氏の日本人船客一般に対する視線からはその片鱗すら感じられない。むしろ，私は氏に「仏教的ニヒリスト」というレッテル貼りをしたい誘惑に駆られるのである（間違っていたら，何時でも撤回するのに吝かでないが）。

ついでに、少し船客に関することを書いておきたい。私は健康のために毎晩9時過ぎに8階の廊下を時計の逆回りで一周することにしている（その後、体調の一層の悪化に伴い中止し、ピンコロ体操でこれに代えた——ピンコロ体操については**第5**の9月25日の項を参照）。ほんの200メートル前後の距離だと思うが、時に激しく揺れる船内をこれだけ歩くのも今の私には一苦労である。その際、最後尾に位置する「バイーア」というバーの中を通らせてもらうのだが、ここでは主に中高年の男女が飲んだりやや得意気に社交ダンスを踊ったりして楽しんでいる。女性はひどく派手な化粧、服装の人も少なくない。恐らく日本ではこんな遊びの場所は絶無に近いだろう。この光景を苦々しいとみるか、彼、彼女の長い人生の労苦からのたまさかの解放と好意的に眺めるか、人によろう。私は後者である。とくに高齢者については微笑ましい気さえする。

（社交ダンスについていうと、私の親戚の女性の一人はダンス教師と結婚した。千葉県の松戸市周辺で社交ダンス教室を開いていたが、二人ともすこぶる生真面目な努力家で、一緒に毎朝マラソンをして体力の維持・増強に努め、年に一度はロンドンに赴いてダンスの勉強を続けていた。夫婦の人柄と地の利から大いに繁盛し、複数のダンス教室を持っていたが、残念ながら夫は何かの病気で、数年前に早世してしまった。現在は彼女（もう60歳代か）が子息と共に、ダンス教室を続けているとのこと。そんなわけで、私自身はダンスをしないが（若い頃ちょっとダンス教室に通ったことはある）、ダンスに熱中する人たちに対する偏見は全く無い。）

1月27日（金）

ここで「地の果て」はアフリカ大陸最南端のケープタウンのこと。

「地の果てまで来て,「TOYOTA」「NISSAN」「ISUZU」「MITSU-BISHI」などという名を見れば,虫酸が走る。」(81頁)

なぜそういうのか？　日本車が今日のように地の果てまで存在できるのは,概して英語など外国語のあまり得意でない日本のビジネスマンたちが必死の思いで販売活動に努めた苦難の長い歴史があるからではないか。その人たちのお蔭で日本経済は繁栄し,われわれはその恩恵を受けている。庶民がピースボートで世界一周クルーズを楽しめるのもその一つである。現在はその経済活動に行き過ぎがみられることも否定できず,それに対する批判は正当であるにせよ,車谷氏のような感情的批判は先人たちの労苦に無知な礼を失した所業というべきだ。

1月31日（火）

「世の中には『sein（在る）』の人と『werden（成る）』の人がある。生まれつき何者かである人と,そうではない人と。後者はこれから何者かになる人である。」(89頁) 前者は例えば「生まれつき富と声望が約束されている人。」(同頁)

氏とは違う意味で,私はとくに研究者について存在価値と業績価値とを区別している。前者はたとい優れた業績を産出しなくてもその模範的研究活動自体によって評価される人,後者は業績によってのみ評価される人である。前者の人は数少ないが,例えば私の尊敬する磯野誠一先生は業績こそ数少ないが,その典型例である（2月23日（木）の項参照）。私などは業績価値によってしか評価されないので,出来,不出来はともかく業績めいたものを産

出するよう努めてきた。

　話が前後するが，1月24日（火）の項に，氏が三田の塾生だった頃，大学図書館の隅にいつも座っている50過ぎの夫婦がおり，夫は盲人で，妻が小声で本を読んでやっていたことが書かれている。司書の話では夫はローマ法の研究をしているとかで，借り出す本はおもにラテン語の本だったとのこと。「あの人は一冊でも羅馬法(ローマ)の本を物しただろうか。この四十年，そればかり考えて来た。」(76頁)

　ローマ法に通じない私はこの盲人研究者の業績について全く知らない。しかし，業績の有無にかかわらず彼（そして彼女も）は私のいう存在価値がある人だと考える。車谷氏が心温まる感動的な話を書いてくださったことに感謝する。40年も上記盲人研究者のことを考えてきた車谷氏はきっと生来心優しい人なのだろう。

2月1日（水）

　「『知る』ことは苦痛だ。もう何も知りたくはない。ことに人間については知りたくはない。人間に関することは，あまりにも厭なことが多過ぎる。／この船の中にも厭な人は多い。云々」(91頁) 私は真逆である。85歳（執筆時）の今ももっと知りたい。自分があまりにも無知なことに毎日気付かされる。人間についていえば，私などよりもはるかに偉い人，素晴らしい人は沢山いる。自分が嫌な人もいるが，そういう人を含めて人間社会は構成され，機能してきた。そしてその成果を私も車谷氏も享受しているのだ。自分が嫌な人にも彼，彼女を好きな人，頼りにしている人がいることだろう。あまりに自己中心に物事を判断してはなるま

い。どうしてこの程度のことにこの著名作家は思いを致さないのか。
2月9日（木）
　「清少納言は俗物だ。云々」(103頁) 氏は『枕草子』の全文を2回読んだとのこと。私はあまり丁寧に読んでいないのだが，氏のこの批判には同調したい。類い稀な才女の傑作と感服しつつも，その才女ぶりが鼻に付き，熟読に至らなかったことを告白する。(船中の図書室にあった西郷信綱・永積安明・広末保『日本文学の古典（第二版）』(1966，岩波新書) の評価を記しておく。「少し気の毒ないい方になるが，清少納言は話しあいてとしては面白い女だったかもしれぬけれども，しょせん自己再建に失敗し，浅はかな生き方をした女だったのではないかという気がする。」(49-50頁―西郷執筆))
2月16日（木）
　30代の半ばに「人から『畸人』と呼ばれるような男になりたいと思うた。」「結婚した時，『あなた，畸人ね。』と言われて，ほっとした。」(114頁)
　私は法律家という職業柄からも，なるべく普通の人間と思われたいと願ってきた。しかし，所属弁護士会の一部では私を三奇人の一人とする風評が定着していたようで，私としてはいささか心外だった（もう一人は後述する堤清二氏の友人の原後山治弁護士）。しかし，自分のことは自分で良く分からないのだから，私も多分奇人の部類に入るのだろう。少なくとも結婚生活の面では48歳で幸福な結婚に恵まれ，今もそれを満喫している車谷氏よりも，85歳（執筆時）の今日まで独り身を続けてきた私のほうが奇人にふさわしいかも。

2月19日（日）

「筋萎縮性側索硬化症」らしい夫の車椅子を妻が押して船内を移動するH氏夫妻のことに触れ，「こういう夫婦が世界一周旅行に行けるのは『よきこと』だ。」(121頁)

たまには心温まる話が語られる。まさに「よきこと」だ。

2月20日（月）

「私の小説を評して，二流の文芸評論家が『車谷の作品は自虐的だ。』とよく言う。身に覚えのないことだ。……他者に厳しい目を向ける以上，それ以上に厳しい目を自己に向けなければいけない，と思うだけだ。自分が自分であることの不快。これが私が書きたいことだ。この『不快』を『自虐的』などと言われるのは，不快である。」(123頁)

私には氏の作品論をする能力なぞない。しかし，作品に対する批判の正当性は，批判者が一流だろうと二流，三流だろうと関わりあるまい。たとい三流の評論家の批判であっても，それが正しい場合はもちろんあるはずだ。批判を受ける側の氏が，当初から相手を二流と決め付けるのは決してフェアとはいえない。どうも氏は少々わがまま過ぎる気がする。2月23日（木）の項にある氏の相良守峯氏の発言批判（127頁）のように他者に対しては遠慮会釈がないのだから。それに失礼ながら，「他者に厳しい目を向ける以上，それ以上に厳しい目を自己に向けなければいけない」という言葉は本当に実行されているのか。結構自分に甘いところがあるのではないか，というのが少なくとも同書を読んだ限りでの私の独断的印象である。

2月23日（木）

氏が慶応義塾独文科 3 年の時，東大定年退官後に同科の主任教授をしていた相良守峯氏のファウストの原書講読を受けた際,「私ぐらいの大学者……」という発言があった。「すると『え？　誰が大学者なの。』と言うた者があった。車谷である。」(127 頁)

　車谷氏はなんでこんなことをいったのか。相良氏の講義に対する不平・不満があったのかも知れないが，やはり学生としては不謹慎な礼を失した所業というべきだろう。これが原因で，氏はか氏とけ氏の二人の大学院生から暴行を受けた。二人の暴力は絶対に容認されるべきでないけれど，彼らを罵倒するだけで，自己反省が全くみられないのは残念である。それに上述したように自分に対する批判には極度に神経過敏なのと不釣合いの感を否めない。

　相良氏が名実ともに日本の代表的ドイツ語学者であることは疑いを入れない。それを自身が口にすることへの好悪の感情は別にして。ちなみに，私は自分で学者と称するのも気が引けるので，なるべく研究者というようにしている。これは私の敬愛する磯野誠一先生から学んだことである。今でも毎日多少の研究活動を続けているが，これは自分の領域の学問の一角を固守する一老兵の任務だと考えている。ちなみに，ここで「先生」という敬称を用いるのは，磯野先生が私の研究者人生に決定的な影響を与えた方だからである。38 歳まで裁判官であった私は，その職を辞して約 3 年間スウェーデン等に留学し，帰国後は弁護士をしながらささやかな論文めいたものを発表していたが，先生はこれを最大限に過大評価されて神奈川大学法学部の教授に就任することを強くお勧めくださった。そしてそれが私をして法律実務家から法律学

研究者へとキャリアを転換させる契機になったのである。

　(ここで少し余談をさせていただく。私は70年代の数年間,小田急の経堂駅に接する小田急経堂マンションに住んでいたが,駅のすぐ近くに相良氏の落ち着いた感じの小ぢんまりした邸宅があった。同氏編纂のドイツ語辞典からドイツ語の学習,ドイツ法の勉強にあたって筆舌に尽くせぬ恩恵を受けている私は,散歩の途上相良邸の前を通るたびに軽く頭を下げ,その学恩を謝するのを例としていた。

　たまたま小田急沿線には東大英文科,仏文科のいずれも高名な名誉教授も住んでおり,英文科の人は自身が孫に殺害され,仏文科の人は夫人が孫(たしか高校生)に殺害される,という悲劇が相次いだ(この高校生は,私の住むマンションの屋上から飛び降り自殺したと記憶する。私は相良氏の一家が同様の悲劇に襲われないことを祈るような気持ちで願っていたことを想起するのである。)

2月24日(金)

　バルパライソ港で町に出て,「繁華街の洋品店の前でパンツを脱いで糞をする」(128頁)話が書かれている。

　一体に,同書には糞尿に関する尾籠な話が頻出する。101, 106, 114-115, 141頁等。これも読者サービスの一環か。私には気色の悪い話題としか思えないが。

　そこで,アウトプットとともにインプットのほうに重点を置いて少し書いてみたい。氏はなかなかの美食家である。「和食の職人として,三十歳代の九年間を過ごした」(34頁)ことが氏の味覚を鍛えたのだろう。でも,つい食べ過ぎるのか下痢の症状に悩まされたようだ(72, 73, 95頁等)。

　私は農家の倅で,当時の周辺の農家が食べるものは全部自家製

だった（味噌，醤油に至るまで）。それは健康には良かったかも知れないが，味など問題外だった。たまに近くの高崎の町で父にカツ丼や天丼をご馳走してもらうと，世の中にこんなおいしいものがあるのかと思った。その結果として味覚には乏しいが，何でも好き嫌いなく食べられる人間になった。高齢期に入ってからは丁寧に噛むことを心掛けてきたので，随分長い間下痢などほとんどしたことがない。過去5回のクルーズでもほぼ皆無だったと記憶する。噛むことに関連してスゴク参考になる話を紹介しよう。

　本か雑誌で読んだドクトル前田という老医師の説くお話である（幸い今回持参した本の間にそのコピーの断片が入っていた）。前田氏は長女が看護学を学び大学の医療保健学部教授，長男が医学部腎臓内科学准教授とのこと。前田氏の健康法は「咀嚼百遍，胃おのずから喜ぶ」これに尽きると断言する。米飯など50－100回噛む，うどんやスパゲッティなど粉食は少なくする，野菜を先に食べる等がその骨子である。

　私はこれを拳々服膺している。お蔭で，胃腸の具合はすこぶる良い。現在の私は複数の医師から少なくとも合計5種類もの薬を服用させられており，加えて自分が購入した民間の漢方薬二つを用いているから，それが胃腸に悪影響を与えていることは必至である。それでも，この健康法の実践のお蔭か，毎日おおむね健康的な排便に恵まれている。この健康法は多忙な現役世代には実行が難しいだろうが（私自身もできなかった），引退した高齢者には是非ともお勧めしたい。それに良く噛むことは脳の活性化にもプラスと聞く。私は今半呆けを本呆けにしないためにもせっせと噛んでいるのだ。ちなみに，私の歯は幸いにもまだ25本が自分の

もの。噛むことが歯の健康にも繋がっていると思う。長々と書いたが，いささかでも読者のご参考になれば幸いである。

（ただし，排尿の問題は別である。今の私は甚だしい頻尿に悩まされており，とくに就寝後は時に1時間に数回も排尿したくなる。医師からは過剰な膀胱活動を抑える薬と排尿を促進する薬が与えられているが，これではイタチごっこのような気がしてあまり使わない。前立腺にはとくに異常はないとのことである。私は若い時から頻尿の嫌いがあり，裁判官当時法廷に入る際は必ずトイレに入っておくようにしていた。これは私の特異体質に由来するもので，それが老化とともにますますひどくなってきたのかも知れない。ひたすら我慢するしかないかと諦めている。）

2月25日（土）

「過去三回の人の嫁はんとの姦通事件」について書いている（129-130頁）。私小説作家はこういうことも露骨に書くことが必要なのだろう。

　私も普通の男だから，過去に何人かの女性と恋愛関係，肉体関係を持ったことは否定しない。中には当然相手が結婚を期待しており，世俗的には結婚の義務があるような深い関係に入ったこともある。自己の自由な人生を優先させて，彼女らを深く傷つけた慙愧の念は今も私を苦しめる。彼女らのほとんどはまだ存命していることだろう。だから，私は自分のウィータ・セクスアーリスについては絶対に口を閉ざしたままこの世を去りたい。それが彼女らに対する私なりの贖罪のつもりである。もっとも，相手から暴露されるならそれはそれで構わない。その結果，世の悪評を受けることは当然の報いとして覚悟している。

2月26日（日）

夫人の質問に応じて，夫人の死後はA大新聞の某美人記者と再婚すると答えたら，夫人が卓袱台をひっくり返して大声で泣き出した云々，ということが書かれている（131頁）。

　私はこの暴言に驚愕した。一つには夫人に対する無神経さ，二つにはその美人記者の迷惑を顧みない独善さ，にである。とくに後者についていえば彼女の明示，黙示の承諾を得ていない以上（そうは文章から窺えない），その今後に途方もない悪影響を与え得るからである。著名な直木賞受賞作家というぐらいでどうしてこんな思い上がった文章が書けるのだろうか。

2月28日（火）

　「ダンテ・寿岳文章訳『神曲　煉獄編』（集英社文庫）読了。寿岳氏の訳文には私の知らない日本語がたくさん出て来た。まだまだ勉強が足りない。」（133頁）

　そう思うのなら，一度しかない人生，なぜもっと長生きして勉強しようとしないのだろうか。文章のプロでありながら知らない日本語が沢山あるというのに。（船上の私は，体調が悪い時奇妙なことに難しい本が読みたくなり，持参した本の一つの井筒俊彦『意識と本質　精神的東洋を索めて』（1991，岩波文庫）を読んでいる。単に活字を目で追っているだけかも知れぬが，こういう名著をヨリ良く理解するためにももう少し長生きしたいものだ。85年も生き長らえさせてもらったのに，恥ずかしながら実務と研究に追われて他の分野の名著をあまり読んでいない。）

3月1日（水）

　「私は先天性蓄膿症（アレルギー性副鼻腔炎）を病んでいる。……顔の真ン中から頭の後ろへ，太い畳針を一本通したような痛

みが絶えずある。云々」(134頁，なお83頁も参照)

実にお気の毒である。私も長年シェーグレン症候群（膠原病の一種）に起因するらしい気管支拡張症に罹患して平素ひどい痰と咳が絶えず，また最近では足腰の痛みが脊椎下部の複雑骨折のためますます甚だしくなり，車椅子の使用一歩手前という有様である。しかし，私の知る法哲学者小畑清剛博士は，重複身体障害者で左目は生まれた時から失明，右目は緑内障，左耳は聴こえず，右耳も不調，両手両足の指はほとんどないという惨状にあり，しかもある理由から学界でイジメを受けながら，家族なし（独身），仕事なし，収入なしの三無生活に耐えて優れた研究業績を発表されている[3]。小畑氏のことを思えば，私ごときが泣き言をいうのはおこがましい限りである。

3月3日（金）

「何事も『身をもって』知ることが大事である。大学の文学部で教えているような奴は毎日，『この文学にさわったら，あちちよ。あちちよ。』と言うているようなものである。文学とは『火』である。……『火』の中に飛び込んだこともない者が『火にさわったら，あちちよ。』と言うているのである。」(137頁)

素人考えだが，文学＝文学作品という用語の使用は一般に認められているところであるが，どうも不適切だと思えてならない。以下の「文学」論は，読者に萩原はついに本呆けになったのかという疑念を与えるかも知れない。が，まあ時間つぶしに書かせていただく。法律と法律学，経済と経済学などは明確に区別できる。しかし，文と学を切り離すと意味が分からなくなる。文学作品の創作とその学問的研究とは別個のもので，それぞれが特有

の価値を有し，その専門家が存在するはずだ。(とくにドイツでは Literaturwissenschaft 文芸学というものがあるようだ。) それなのに，文学者に作家が含まれるどころか，それが主体になっている観がある (氏も自分のことを「文学者」という (58頁))。第三者的立場からすれば作家＝学者とは奇妙な感を否めない。だから車谷氏のような意見も出てくるのだろう。でも，氏の意見には大学の文学部関係教員に対する本能的ともいうべき強い反感があるような気がする。この点は次の3月5日 (日) の項で改めて取り上げよう。
3月5日 (日)

　「文士は反俗の魂を持っていなければならない，」「然るに大学で文学を教えたり，研究したりしているようなやからは，世俗的幸福を手にするディレッタントだ。」「自身は決して『火』の中へ飛び込もうとはしない。一番許しがたい連中である。」(139頁)

　こういう決め付けが当たっているかどうか私には判断できない。が，氏の独断と偏見が混入している疑いを私のような読者には抱かせる。それにいささか不愉快な文章である。氏自身が現在結果的には世俗的幸福を手にしているのだから，「目糞，鼻糞を笑う」の感がある。

　ピースボート事務局のスタッフ (男性) にジャパングレイスのスタッフ (女性) への求婚を勧める (139-140頁)。「彼女は一萬人に一人いるかいないかの女性である」(140頁)。

　実は彼はまだ24歳である (49頁参照)。こんな若者に結婚というある意味では人の自由を最大限に束縛する行為を勧めるとは？　いかに彼女が傑出した女性であるにせよ。それに相性というものがある。氏は思い上がっているのではないか。他人の人生

に軽々しく容喙すべきではないことは作家として人間性の観察の
プロである氏が最も良く知っているはずのことではないのか。
　(船中で読んだ森永卓郎『非婚のすすめ』(1997, 講談社現代新書)に
よれば, 詳しい統計的根拠は忘れたが, 結婚費用は794万円, 子育ての
総コストは実に7881万円に達するという (同書138, 152頁)。これほど
の莫大な経済的支出を要求する行為を他人に勧めることの無責任さに思
いを致さないのは何故だろうか?)
3月9日 (木)
　「二十七歳の男が癌に罹(かか)った。……人の勧めでキリスト教に入
信した。……救われたい一心で, ひたすら祈った。三ヶ月後に死
んだ。……私はこの男は救われなかったと思うた。……救われた
い一心で祈る, というのが, そもそもさもしいことである。」(144
頁)
　仏教徒の氏は「キリスト教に反感を持っている」(152頁)とい
うが, どんな宗教にせよ他人の入信の動機や救済の問題について
発言するのは厳に慎むべきだろう。「救われたい一心で祈る」の
が「さもしいこと」だなどというのは, 現実に死に直面した人の
真剣な思いを踏みにじる言語道断の軽率な所業である。私自身は
現在仏教もキリスト教も真に信仰しているわけではないが, いざ
死に直面した時いったいどうなるのか自分でも皆目分からない。
とにかく氏のこの文章は許しがたいと考える。
3月20日 (月)
　堤清二氏のことが書かれている。(159-160頁)
　堤清二 (作家名辻井喬) 氏は私にとっても懐かしい名前である。
私は同氏には一面識もないのだが, 私の司法修習同期の親友だっ

た原後山治弁護士は東大共産党細胞を堤氏と一緒に追ん出た仲間だということで，西武グループの法律顧問をしており，よく堤氏のことを話題にしていた。原後氏の弁護士生活の最晩年を飾る盛大なパーティーには堤氏も出席し，壇上に登場していた。堤氏は日本の経済と文化に大きな貢献をされたと信ずる。

3月22日（水）

「日本人は社会の中で暮らすと同時に，世間の中で暮らしている。二重社会である。より重要なのは世間なのだ。云々」(163頁)

一見もっともな指摘のようだが，世間についての十分な考察を踏まえない作家の思い付き的世間論に過ぎないのではないか。世間が日本社会における最重要な社会規範として機能していることについては，先人がつとに深く鋭い考察を行っている（阿部謹也『世間とは何か』(1995，講談社現代新書)，山本七平『「空気」の研究』(1983，文春文庫)など参照)。

3月28日（火）

ある人に小説の書き方について語っている。「作家になるためには，一年に一人の作家の全集を全部読む必要がある。それを三十年ぐらいくり返す。云々」(172頁)

氏はそうしてきたということだろう。一般化はできないのではないか。30年もそんなことをしなければならないならば，若い世代の芥川賞作家など生まれる余地が無いではないか。例えば，後述の西村賢太氏の場合をみよ。

3月29日（水）

「(パソコン)の苦手な私は，東京（文學界編輯部，朝日新聞社文化部）へ原稿と写真を送信するのは，すべて平山さんにお世話に

なった。お礼に麦酒(ビール)をご馳走する。」(173頁)

これには驚いた。原稿は船上で書いたものをそのまま送信していたのか。さすがに文章のプロは違う。私などいったん書き上げた原稿をプリントアウトして，慎重に見直しさらに推敲を重ねなければ原稿の完成に至らない。失礼ながら，いかにプロとはいえ同書の文章に時に論理的破綻などがみられるのも船上からの直送という慌ただしい文章制作過程にあるような気がする。

いったい氏は，原稿をパソコンのワープロ機能を使って書いたのか，それとも手書きしたのか。私は難しい漢字が頻出する氏の文章を書き写すのに何時も難渋している。ワープロで書いているなら，氏はワープロ使用の達人だ。是非，秘策を教えて欲しいと思う。

(生来悪筆で他人に理解可能な文字を書くのに苦労してきた私は，ワープロ出現の初期から当時100万円近くもするそれを購入して恩恵を蒙ってきた。専用ワープロとしては「一太郎」と「松」が有名で，前者は一般人向き，後者は職業的利用者向きといわれ，私はずっと「松」を愛好してきた。その経験からすると，私のパソコンのワープロ機能は「松」にははるかに劣る。その後，買い替えたパソコンのワードの使い方はまだ良く分からない。)

いずれにせよ，原稿の送信（それは文章のプロのビジネスの一環でもある）などは，氏自らまたはその同行者が行うことで，それを最初から他人に頼もうとするのは他力本願も極まるというべきではないか——平山氏の特別の好意としてもそれに甘えるのは。最初から他人に依頼するなら，あらかじめキチンと契約でもしておくべきだろう。一夕のビールのご馳走ぐらいで済まされる問題で

はないはずである。（私もパソコンは苦手で、文章作成のほかはインターネットの一部の利用ぐらいしかできない。これはそういう似た者の発言であることに留意されたい。）氏は他の船客たちには厳しい目を向けながら、自分自身には甘ったれているという感想をここでも抱かざるを得ない。

「〈文庫版によせて〉 補陀落山」という文章が最後に載っており、そこでこういう。「世界一周航海の船に乗って、一番よかったのは、補陀落山はないことを確認できたことである。」（175頁）

鬼面人を嚇す類いの表現。この程度のことをいうためにわざわざ文庫版に附加する必要があるのだろうか。補陀落山が実在しないことなぞ分かり切った話である。氏自身「そんな山などない、ということは、何となく子供の私にも分かっていた。」（174頁、なお77頁も参照）と書いている。補陀落山に関連して家族関係のことを書きたかったのではないか。

とりわけ、氏はここで大学進学について両親を悩ませたことを書いている。「私は田舎の貧しい百姓の小倅で、昔、東京の大学へ進学したいと言い出し、両親を大変に悩ませた。」「父は、入学金の工面(くめん)をしなければならないことになった。その時の親父の苦悩は、いまになって想像して見ると、空恐ろしい。悪いことをした、と思わない日はない。」（176頁）

この大学とは、私の知る限りかつては日本一金がかかる大学と思われていた慶応義塾大学だから、入学金も巨額に達していたことだろう（それに氏が入った文学部は、どこの大学でも最も就職が困難な学部だ）。失礼ながら、車谷氏は決して親に対する思いやりのある子ではなかったと思う。

やはり百姓の小倅であった私のことも書いておこう。氏は普通高校を出ているが私は旧制の農業学校（現在の農業高校）を出て中央大学専門部法学科（現在の短期大学に相当）に入学した。農業学校時代に多少経済学の勉強をしてみて，小生意気にも職業としての日本農業にはあまり未来がないと判断した。もともと農業があまり好きではなかった。（もっとも，わが人生において大切なことのほとんどは農業から学んだような気がする。今では，農家に生まれ育ったことを感謝している。）で，ジャーナリストにでもなりたいと思い，進学を希望していたのだが，とてもそれを厳格な父に言い出す勇気は無かった。幸い学校の成績が多少良かったところから私を買い被ってくれた担任教師が父を説得してくださり，3年間（旧制の専門学校の期間）だけ進学することが許可された。その時はすでに多くの大学の受験の期限は過ぎており，僅かに中央大学専門部が受験可能な一つで，しかも学費が最も安いため，ほとんど受験勉強をする時間的余裕もないまま同校を受験し，運良く入ることができたのである。

（ここで少し昔話をさせていただきたい。私はなんとなく中央大学の前身・東京法学院出身の傑出したジャーナリストにして思想界の巨人の長谷川如是閑（1875-1969）に憧れていた。理想としては彼のような存在になりたかったのである。最近のことは別として私の若い頃は，群馬県人は正義感が強く行動的だけれど，忍耐心に乏しいので新聞記者向き，隣の長野県人は勉強家で忍耐力が優れているので学者向きという評価が聞かれた。

実は私は中央大学専門部在学中，偶然なことにこの大先生の草履を揃えさせていただくという幸運に浴している。中大校舎に隣接して元老西

園寺公望の別邸（公爵邸といわれる）があり，中大はそれを買い受けて重要な会議などの際に使用していた。ある時，学外者との重要会議があり，その雑用係が私の所属する中桜会研究室（専用の受験勉強用の室を与えられている大学公認の司法試験受験団体の一つ）の順番で，私も駆り出された。この会議参加者の一人に如是閑先生（磯野先生に加えてどうしても先生という敬称を付したい人）がいて，先生は和服姿で草履をはいて来られたので，私がそれを揃えさせていただいたというわけである。遠い昔の嬉しく懐かしい思い出である。ちなみに，先生は一度司法試験（に相当する試験）を受けたが不合格になり，あんなバカな試験はもう受けないといって二度と受験しなかったと書いておられたように記憶する。先生が不合格だったことは日本のジャーナリズム，思想界にとってまことに幸いだったというべきだろう——後年『長谷川如是閑著作選集』（全7巻）は全て読んだと思う。）

　さて，話を元に戻す。進学は許可されたものの，その条件として農繁期には家に帰って農作業を手伝うことが要求され，とくに秋の農繁期は大切な講義の時期と重なるので辛かった。そんな境遇の中で必死に勉強に励み，半ば（いや大部分かも）幸運に助けられて専門部卒業の年の司法試験に合格できた（20歳の時）。

　お蔭で，その後の私の人生はほぼ順調に推移することになる。38歳の時裁判官の職を辞して約3年間，完全無収入の第二の学生生活をヨーロッパで過ごすなど気儘な生活をしてきた私は，もし司法試験に合格して法曹になっていなければ，組織に馴染めない性格なのでいずれホームレスの仲間入りをしていたことだろう。以上，半ば自慢話ととられることを承知のうえで書かせてもらった。

この項の最後に，同書に対する私の評価を記しておく。同書にはいろいろな読み方があるだろうが，私のような読者にとっては，少なくとも知的散文としてあまり高い評価を与えられないというのが私の最終的判断である[4]。

ちなみに，船中で中卒の芥川賞受賞作家西村賢太氏の『どうで死ぬ身の一踊り』(2012, 新潮文庫) を読んだが，私は私小説作家としては彼などのほうにヨリ心惹かれる。もっとも，その作品の他に芥川賞受賞作品の「苦役列車」を読んだくらいだが。(文学のたぶん平均的読者の私も芥川賞受賞作品は必ず読むようにしている。)

だが，こんなささか手厳しいことを書きながら，車谷氏と同書に対する愛着が一段と深まってゆくのは何故だろう。同書に頬擦りしたいような気持ちさえ湧いてくるのである。

5. おわりに

以上，長々と車谷氏との疑似的対話を続けてきた。大分批判的なことを書き散らしたが，昔ドイツ語の参考書で読んだ Schreiben ist Bleiben「書いたものは残る」という格言に従い，本稿が私の恥曝しの雑文として死後も残り得ることを自戒して多少は筆の走りを抑制したつもりである。

ところで，翻って思うと私は車谷氏の手中でうまく転がされてきただけだったような気がしないでもない。氏は私のような批判がありうることを当然予測しつつ，氏が想定する現在および未来のファンが期待するような文章として同書を書いたのかも知れないのである。だとすれば，私は氏の術策に捕らえられたというわけだ。が，それならそれで一向に構わない。私は本稿を書くこと

で，船中におけるかなりの時間を活用することができた。誰，何に向けたら良いのか分からぬ鬱憤晴らしの相手をしてもらった。仏教徒を自任する氏は「性格の悪い人は長生きし，地獄へ行く。」(35頁) という。そして自らは「お釈迦さまのお教えを心の一番深いところにおいて生きている」(175頁) が，「自分は死後，地獄へ行くだろうとほぼ確信」(175-176頁) しているとのこと。私のほうは実家の宗教が仏教の一宗派であり，死後はその寺の墓地に葬られることになっているが，真の意味では仏教の信者というわけでもない。(私はすべての宗教に一応敬意を払いつつ，どの教義にも十分には納得できない。)しかし，地獄，極楽というものがあるならば地獄に行くことは必定と観念している。だから地獄において車谷氏とお会いする可能性があるかも知れない。その節は陳謝と感謝の双方の意味をこめて心からの謝意をお伝えしたいと思う次第である。

附　記

その①　本稿はもちろんクルーズ終了後に書き上げたものだが，文中には船上での執筆部分をそのままに残してあるものが多い。せめて一種の臨場感を出せればと愚考したからである。また，記述が重複する箇所も少なくない。思わず本音を吐露したものが多く，これもあまり整理したくない気がするのである。いずれもご理解，ご海容を賜れば幸甚である。
その②　週刊新潮2016年12月22日号で車谷氏の夫人・高橋順子氏の「『車谷長吉』との結婚生活はすなわち『修行』である」という文章を興味深く読んだ。車谷氏が「傍若無人であることに間違いありません。とにかく行儀が悪くて人の事を考えない。」(44頁) などと綴られている。だとすれば，同書の記述内容が傍若無人なものであることは当然ともいえようか。しかし，出版物はある意味で公的性格を有するのであるから，

小説は別として(知的)散文においてそのような言動は決して許されるべきでないと考える。そして私は同書の表現のみを疑似的対話の対象としたのである。したがって,上記文章を読んでも本稿の内容を変更する必要を認めない。

注
1) 私のピースボート乗船記録は以下の通り。
   ①第 49 回　2005 年 5 月 21 日-8 月 31 日　　トパーズ号
   ②第 56 回　2007 年 2 月 25 日-6 月 6 日　　同号
   ③第 66 回　2009 年 4 月 23 日-8 月 12 日　　オセアニック号
   ④第 73 回　2011 年 4 月 24 日-7 月 12 日　　同号
   ⑤第 81 回　2013 年 11 月 22 日-2014 年 3 月 6 日
   　　　　　　　　　　　　　　　　　　　　オーシャンドリーム号
   ⑥第 92 回　2016 年 8 月 18 日-11 月 29 日　　同号
   　以上の記録については,船上でジャパングレイスのスタッフから教示を得た。記して謝意を表する。
2) 前掲拙著附篇 16 頁参照。
3) 前掲拙著 295-296 頁参照。
4) 外山滋比古氏の著作,例えば同(栗原裕編)『ものの見方　思考の実技』(2010, PHP 研究所) 31 頁以下(「知的散文」)参照。

補　記

脱稿後に高橋順子『夫・車谷長吉』(2017, 文藝春秋)を読んだ。車谷氏との結婚生活は必ずしも幸福なものではなかったらしい。「この結婚は呪われたものになった。」(142 頁)という表現さえ見られる。だが,本稿は上掲『恐怖航海記』の内容のみを対象としており,その叙述からは「世にも羨ましいような結婚生活」としか窺えない(142 頁参照)。

第5

第4への長過ぎる補記
―― もう一つの船上日誌 ――

はじめに

　補記として，**第4**の「船上冗漫徒然草」では書か（け）なかった今回のクルーズに関する事項を補足しておきたいのだが，予想外に長大なものになりかねないので，「もう一つの船上日誌」として別稿を起こすことにする。不格好ながら本文（**第4**のこと）の第一段階のデッサンがほぼできたので，心理的余裕が生まれたことも一因である。本文以上に私的色彩が濃厚なものゆえ果たして読者にお目にかける価値があるか疑わしいが，85歳（執筆時）の半呆け老人のこんな旅行メモも高齢者でこのクルーズの利用を考えている向きには，あるいは多少のご参考になりうるかも知れないと愚考する。で，本文の一層の整理・検討と並行してこの記述を進めることにしたい。

　私が船上から眺めた寄港地の風景については，先述したように歩行不自由なので，ほとんど全てのツアーをキャンセルしてしまったため，ちょっと8階の共用スペースの廊下の椅子に座って

眺めてみる程度である。これまでのクルーズでツアーに参加したところが多いゆえ，あまり書くこともないと思うけれど，全く初めての寄港地や良く思い出せない場所もある。それらに関する事項にも言及するかも知れない。では始める。(9月3日記)

8月某日

　まず，8月中の見聞やこれに関する感想の若干をまとめて書いておく。一々日を特定できないので「某日」とした。

　今回の船客は約 900 人，乗組員は約 450 人だとのこと。これではあまり船側（ジャパングレイスとピースボートの総称として用いる。以下同じ）の利潤は出ないのではないかとちょっと心配になる。日本経済の久しい低迷を反映したのか，比較的経済的余裕があると思われる年輩の船客も，概してつましい船上生活をしているようである。ある時夕食で，同じテーブルに座った 80 歳代の夫婦は，費用が最も安い四人部屋に分かれて泊まっていると聞いた。その元気さに驚くが，船側としては夫婦一緒の二人部屋にしてもらったほうがずっと経済的にプラスなはずである。（私自身，体調不良のため寄港地でのツアーのほとんどをキャンセルし，船内のバーは全く利用せず，時たま夕食時にワインを注文するくらいで，船側に経済的にプラスになるようなことは全然していない。）

　ところで，私の甚だしい体力・気力の低下とは裏腹に，今回のクルーズで，とりわけ目立つのは，高齢者の元気さである。最高年齢者は 90 歳を越えていると聞いたが，車椅子を利用しているのはまだ 70 歳代半ばとしか見えない女性一人だけ。70 歳代はもちろん 80 歳代でも四人部屋に入っている人が珍しくない。別に経済的理由だけではなさそうである。こういう人たちはあるいは

日本では孤独な生活をしており，船中での共同居住に憩いの場を見出しているのだろうか。ともかく，私とほぼ同年輩あるいはそれ以上で 24 時間他人と起居を共にできる体力・気力には心からの敬意を表せざるを得ない。もっとも，現実には同室者間で争いが起きることも少なくないようだが，そんな悪環境の中で同居生活を継続できる精神的強さにも最敬礼。

恥ずかしながら，船中で最も体力の低下が人目を引くのはどうも私らしい。もう 90 歳過ぎかと聞かれたことがある。もっとも，まだ 80 前に見えるとお世辞を言われたこともある。「あなたは男か女か」と真顔で聞かれたことさえある。自分の顔かたちのことは自分では良く分からないが，体調いかんで変化しようし，その人特有の見方もあろう。江戸川乱歩の『怪人二十面相』をもじっていえば，私は「老年二十面相」とでもよぶべき船上の一種の怪人なのかと思えてくる。

9 月 3 日（土）

インド・コーチン。ここは私には初めてである。

下船箇所は左舷側で，桟橋を渡ると眼前に多くの露店が並んでいる。せめてあそこまで行って，少し土産物でも買いたい気がするけれど，苦労して行けたとしても，買った物を一人で持ち帰るのは難しいだろう。そう考えると，そんな気も失せてしまう。情けない話である。

右舷側から見える建物の大部分は赤屋根だ。モスクらしき建物が目につくので，イスラーム教徒が多い地域のようだ。配布された「寄港地情報」にも「宗教施設等では肌の露出を控え，女性は街中であっても肌の露出の多い服（特に足）はお控えください。」

とあるから，間違いあるまい。

　今日は乗組員が船室の窓の蓋を閉める作業をしに来た。海賊対策の一環とのことである。最近は新聞・テレビなどで，海賊の出現について報じていないようだが，相変わらず跳梁跋扈しているのか。一挙に室内が暗くなってしまい，室内の電灯全部を点けてもあまり明るい感じがしない。(沿岸住民が海賊化した事情には同情すべきものがあると聞くが，だからといって海賊の侵入を許すわけにはゆかない｡)

　終日気分が優れないのは，激しい船の揺れも影響しているのかと思っていたが（私は元来船酔いには強い），今日は船が碇泊しているのに，相変わらず気分が優れない。船の揺れは無関係のようだ。

9月4日（日）

　図書室に18日から30日までの日本の新聞が置いてある。幾つかの寄港地にまとめて送付されて来るようだ。朝日新聞，日本経済新聞，The Japan Times (The International New York Times (I.N.Y.T.) を含む——以下，J.T. と略称)，それに日刊スポーツ。(私自身の日本での購読紙は，東京新聞とJ.T.だけ｡) 新聞は多くの人が読むので，朝日と日経の日曜の読書欄を中心に目を通すことにする。J.T. の日曜版は小型だし，I.N.Y.T. が付いていないのであまり面白くない。概して紙面は後者のほうが役に立つのでランダムに拾い読みしようと思う。(ただし，誤読している恐れもあるので，本稿の編集にあたって英字紙の内容への言及は全て割愛した｡)

　今日は朝日の8月28日（日）が空いていたので，これを読んだ。とくに興味を惹かれる書評はなかったが，広告で三宅弘『法

科大学院——実務教育と債権法の改正』（花伝社），織田信夫『裁判員制度はなぜ続く』（同）が目についた。

　三宅氏は同じ第二東京弁護士会（二弁）に所属する人で，私の旧友故原後山治氏の創設した法律事務所の代表格の弁護士。自由人権協会の代表理事，二弁の会長を務めた法曹界の重要な存在である。法科大学院教授も兼ねる篤学の士。同書は帰国したら一読してみよう。

　織田氏はかねてから裁判員制度に反対を唱えていた弁護士。すっかり定着している観のある裁判員制度にいまだに反対しているらしい。この人は日本の刑事司法の積年の問題点の克服や司法における民主主義の重要性について，いったいどう考えているのだろうか。（以下，著者・著書名等を記載しておくのは，記憶力が無残に劣化してしまった現在の私は，そうしておかないと後日その本を買うことなどができないからである。）

9月5日（月）

　今日は朝日の8月21日（日）と日経の8月21日（日），8月28日（日）を読んだ。

　朝日には，松村康弘『家裁調査官は見た』（新潮新書）の書評が載っている。著者は現在60歳だが，17年間家裁調査官を務めた経歴を有するとのこと。一読の価値はありそうだ。（帰国後読了）

　日経の8月21日版の書評ではとくに注目を惹くものはなかったが，8月28日版の津村正樹，カスヤン・アンドレアス訳，ユルゲン・トーデンヘーファー『「イスラム国」の内部へ』（白水社）に興味をそそられた。著者は1940年ドイツ生まれ，裁判官を経てジャーナリストになった人で，国会議員の経験も持つとのこ

と。書評者の高橋和夫氏（放送大学教授）は偶然にも今回のクルーズの水先案内人の一人としてこの船に乗っている。帰国後読んでみたい本の一冊である。（帰国後読了，**第2**の76頁以下参照。）

9月6日（火）

　J.T. の Aug.28 と I.N.Y.T. の Aug.26 を読む。

　夕食の席で向かい合った客は帽子をかぶったまま食事をしており，「お運び」の人を呼ぶ時も両手を大きく叩くなど，ちょっと傲岸な容姿，挙措の感じがしたのだが，思い切って話し掛けてみると，意外にも話し好きで親切な人だった。岩手県で東日本大震災による被害の救助活動をしている最中に激しい余震に襲われて瀕死の重傷を負い，意識不明のまま病院に運ばれ，大手術を受けたとのことで，胸部や足の傷跡を見せられた。彼（K氏）は81歳の現在も東京・有楽町辺でかなりの数の従業員を有する会社を経営しているという（元は野村証券などに勤務した由）。彼も一人暮らしなので，お互いにその苦労を話し合ったりして，楽しい夕食のひと時になった。別れる時帽子を取って深々と頭を下げられたが，私以上の白髪のせいか顔が急に柔和な表情に一変した観がある。「人は見掛けによらない」ということを実感させられ，反省した次第である。人生は日々新しいことを学ぶ機会に恵まれている。（彼は知れば知るほど興味深い人物で，その後も親交が続き，私の船中における最高の友人というべき存在になった。）

9月7日（水）

　今日は船の揺れがとくにひどい。エレベーターも大部分が停止。だから気分も一段と良くない。

　J.T. の Aug.23 を読む。

昼食の席に昨日知り合ったＫ氏がやって来て，話し込む。かつて数年間結婚していた米国人女性（なかなかの美人）と一緒の写真を見せたりする。午前10時から11時までは船室の整理のため8階の共用スペースの廊下で新聞を読んだりしていることを告げる。

　夕食も偶然彼と同席し，一段と親しさが増した。

　今夜はあまりにも船の揺れが激しく足元がふらつくので毎夜行ってきた8階一周の散歩を断念する。転んで怪我でもしたら，それこそ船旅が継続できなくなる。

9月8日（木）

　朝食では70歳代とみえるK_2氏夫妻が向かいの席に座った。夫のK_2氏から頂いた名刺には「座右銘　自我滅却」と書かれている。そんなことは普通の人間には不可能だろう。だからこそ座右銘にする意味があるともいえようか。

　船室の整理の時間にいつもの通り8階の廊下の椅子に座って眼鏡を出そうとしたら，持参するのを忘れたことに気付く。船が激しく揺れる中，必死の思いでここまで来たのだから，眼鏡を取りに戻る気力など無い。J.T. の Aug.20 をなるべく大きな活字だけ拾って読むことにする。

　今夜も散歩を止める。

9月9日（金）

　20歳で司法試験に合格したことを聞き知った二，三の船客から賞賛の言葉をいただいた時，私は「半分以上は運でした」と答えている。これは決して卑下自慢なぞでなく，本心そのものである。

このことをもう少し考えてみたい。

かねがね人生は半分以上が運だと思ってきたが、ヨリ正確には「親から貰ったものが3分の1、運が3分の1、自分の努力が3分の1ぐらい」ではないだろうか。親から貰ったものも広義では運と考えて良いから半分以上が運という表現はやや不正確にせよ間違いではない。しかし、どんな幸運も残りの3分の1の自助努力がなければ決して開花することはない。だから、精一杯努力することが必要なのだ。傲慢にならず、また怠惰に陥らないために、この信念は常に堅持すべきだと信じている。今日も体調不良に耐えて、できる限り勉強・仕事をしよう。85歳（執筆時）の半呆け老人の気概だ。

I.N.Y.T. の Aug.27-28 を読む。

船の揺れがひどく、体調が悪化して、今夜も8階の廊下を一周する散歩ができそうにない。そこでその代わりとして、午後、夕食までの間に8階へ行ってもう一度英字新聞を読むことにした。読んだのは、I.N.Y.T. の Aug.19 である。

18時から19時30分まで、7階のブロードウェイで、「9条サロン憲法編──平和を考える」という自主企画がある。レストランで知り合った「あや」氏（女性）がこの企画の主催者の一人で、私が第56回クルーズの際に行った「パンドラの箱を開けて良いのか？……」と題する船上講演の一部が掲載されている拙著『検証・司法制度改革 Ⅱ』（64頁以下、280頁以下に掲載）を彼女に貸与していた。そんな関係で、この企画への出席も求められたのだが、夕食直後の休養のための時間と重なるので、出席を断った。もうなるべく表舞台には出たくないというのが本音だ。

9月10日(土)

　10時きっかりに船室の整理の係員が来たので、あわてて外へ出たためまた眼鏡を忘れてしまった。英字新聞のなるべく大きな活字を拾い読みする。J.T. の Aug.25 と Aug.26 を読む。また J.T. の Aug.28 を再読する。

　夕食時にK氏と一緒になり、彼からその波乱万丈の生活史の一端を聞く。実は、最初に会った時の厳しい印象は、9月1日の「知られざる9月1日」(金元明——ピースボート・スタッフ)という話に対するK氏の質問をめぐるトラブルがあり、船長の退船命令に発展しかねない状態の最中にあったことに由来するようだ。幸い、この問題はことなく済んだという。いずれにせよ、80歳を過ぎた彼の強大なエネルギーには驚かされる。

　今日も散歩せず。

9月11日(日)

　J.T. の Aug.21 と Aug.29 を読む。

　海賊警戒のために閉じられていた窓の蓋が今日から開けられ、室内が一挙に明るくなった。

　でも体調は相変わらず悪い。食欲はある程度ある。3度食って沢山の薬を服用し、少しばかり原稿を書き、後はおおむね呆然とベッドで身体を休めている(巨大なダブルベッドが室の大半を占め、ソファーなど無い)。それが毎日の繰り返し。乗船前には予想しなかった生活だ。

　『検証 II』が今日返ってきたので、かねて読みたがっていたK氏にお貸しする。

9月12日(月)

今日はパソコンが全く動かない。いよいよダメになったのか？不吉な予感におびえる。

夜の散歩再開。

9月13日（火）

河野義雄氏（本人のご了承を得て，これからはK氏ではなく，その氏名を書く）から朝日（名古屋版）1987年8月31日の「保険セールス東海1位」という氏のインタビュー記事のコピーをいただく。それによってこれまで断片的に伺ってきた氏の波乱万丈の人生が大分良く分かった。インタビュー当時，氏は51歳，日本生命の特別営業社員。当時の年収は五千万円を超え，資産は十億円を超えるとのこと。高校中退後実に様々な職業，職種を体験し，失敗や成功を繰り返し，破産もするなどの過酷な人生経験を経て1982年に日本生命に入社し，瞬く間に上記のような驚異的営業成績に輝く外務員となったとある。なぜか，この船では四人部屋に起居している。毎日のように水泳をするとのこと。その気力・体力には敬服のほかない。ほぼ毎日1回は食事を共にし，彼から元気を分けてもらっている。

パソコンは今日の午後3時ごろやっと動き出してくれた。有り難い。それで，今日の日誌も書くことができた次第。

9月14日（水）

今日はとりわけ何かしようとする気力が湧かない。

船の両側に見えるのは砂漠，そしてさらに砂漠の連続する風景である。従前のクルーズの際にも抱いた思いだが，こういう単調極まるすさまじい大自然に生きる人たちがイスラーム教のような絶対一神教に救いを求めるのはまさに必然という気がする。

船はスエズ運河を通過しつつある。

9月15日（木）

　今朝の食事で，向かいの席に座った夫妻の夫君は，なんと我が懐かしの母校佐波農業学校の後身の出身。こんな偶然もあるのか。まさに「盲亀の浮木」に等しい。多賀谷玉蔵氏，78歳，群馬県伊勢崎市在住。郵便局に長年勤め，郵便局長で定年を迎えた由。当時の昔話をする相手ができて嬉しい。

　船は地中海に入っている。

　あまりに頻尿がひどいので（室内にいる時は就寝時も10-20分に1回，それでも一応睡眠できるのは不思議），医務室に何か適切な薬を貰えないか相談に行くが，無いといわれる。我慢するしかあるまい。老年を生きるということは我慢をするということなのだ。多賀谷氏との遭遇など良いこともあるし。

9月16日（金）

　ギリシア・ピレウス入港。足腰は悪いし，ギリシアには何度も来ており，現在のアテネに興味もないので，船内にとどまる。

　河野氏のことをちょっと書く。彼は容姿も10歳ぐらい若く見えるが，すこぶる柔軟・緻密な思考ができる人で，対話していて興味が尽きない。今回のクルーズでの最大収穫の一つは彼との出会いかも。

9月17日（土）

　ギリシア・サントリーニ島到着。私はこの島に来た記憶が無い。船は沖に碇泊し，テンダーボートで断崖絶壁の島に着く。それからケーブルカーで町に上がる。もちろん行けないから，室内で仕事。後記藤田論文事件（9月20日（火）の項参照）を大分書く。

が，仕事をしていると，咳がひどい。

9月18日（日）

　朝食時に，河野氏が同室の3人から数々の陰湿な嫌がらせを受けている事実を語る（入れ歯を隠すなど）。彼は強烈な個性の持ち主だから，最初に行き違いがあるとそれが修復不能なまでに進展する危険もあろう。一人部屋に移りたくても空室は無いようだ。せめて私との食卓での会話が気分転換に資することを願う。

　今日は2度目の緊急避難訓練日。エレベーター無しで8階の集合場所まで歩くのだが，6階で力尽き，エレベーターに乗せてもらう。

　今夜はファッション・ショーがある。河野氏は某ゴルフ場の経済的再生の功績で英国のゴルフ関係の名門組織から賞とその制服のようなものを授与されており，その服装に身を固めてショーに登場するというので，是非拝見したいのだが，今日の午後は体調がとりわけ優れず，残念ながら出席を断念せざるを得ない。

9月19日（月）

　マルタ共和国・ヴァレッタ入港。私には初めての場所なので，ツアーに参加してみたいが，レストランまで十数メートルの距離をやっと歩いているような有様では不可能。8階の廊下から聖ヨハネ騎士団の本拠地だったこの城壁都市の美しい光景を望見するのみ。

　恥ずかしながら，マルタは独立の共和国ではなく，どこかの国の自治領かと思っていた。わが無知を反省しつつも，人口四十数万のこの国がEUや国連の一員であることを考えると，死刑廃止論などの論議において国の数を論拠とすることの問題点に改めて

気付かされる。決して小国を軽視するわけではないが。

　朝食の席で，河野氏から突然，判・検事の尋問みたいに過去の非違まで精細に聴かれるのは好まない，とやや厳しい口調でいわれた。決してそんなつもりはないのだが，当方の経歴や尋ね方が不適切だったのだろう。あわてて陳謝し，ことはそれで済んだものの，今後は先方が自発的に話す以外に個人的なことは一切聴かないことにしよう。（自分だって，人に聞かれたくないこと，話したくないことは少なからずある。波乱万丈の人生を過ごしてきた氏にとってそんなことは山ほどあろう。無意識にせよ，心ない所為に及んだことを猛省。）

9月20日（火）

　あまりにも咳と痰がひどいので，風邪薬を飲んだら，間もなくやや沈静した。風邪も少し引いているのかも。

　数日来，朝日の8月21日（日）版で読んだ日本法律家協会の機関誌『法の支配』が元最高裁判事・東北大学名誉教授藤田宙晴氏の論文の掲載を拒絶した事件に関する雑考を書いてみたのがなんとかまとまった。帰国後キチンと関係文献資料を調べて手直ししたうえで公表したいと思っている。（本書**第2**の62頁以下参照）

　本文（**第4**の別名「船上冗漫徒然草」のこと）ももっと手入れしなければならないのだが，今ちょっとそれに向かう気力がない。

9月21日（水）

　イタリア・リヴォルノ寄港。ここは私には初めてのような気がする。8階から見えるのは，背後に緩やかな山並みを控えた普通の港湾都市の風景。

　今朝は体調がひどく悪く，レストランで危うく倒れそうになっ

た。レストラン内がひどく寒く感じられたことが一因か。自室の温度もキャビン・アテンダントに頼んで，上げてもらった。

　昨夜から，持参した本の一つの井筒俊彦『意識と本質　精神的東洋を索めて』(1991，岩波文庫) を読み始めた。何度か通読を試み果たせなかった本。今回も現在の体調では恐らくそれは無理かと思うが，拾い読みだけでも最高の知的読書体験を味わえる名著だ。

9月22日（木）

　体調は昨日以上に悪い感じ。終日ベッドに半ば寝そべって井筒・前掲書に読みふける。この本は体調が悪い時のほうがよく理解できる部分が多いような気がする。

9月23日（金）

　リヴォルノ出港。終日，井筒・前掲書を読む。実に知的快感を喚起する本で，とうとう一応読了した。といっても，良く分からぬ箇所も多く，一応活字を全頁目で追っただけというのが正しいだろう。

　河野氏から夕食の席で感動的な話を聞いた。今日のツアーで休憩していた時のこと，一人の高年齢の女性が少し離れた場所でうずくまり泣いていた。心配した彼が尋ねると，自分は東北・盛岡の者，すでに80歳を過ぎた身でありながら，こうして外国旅行ができる幸せに本当に感謝している，四人部屋にいるのだが，他の3人は風邪を引いて外出不可能なのに，自分だけは元気でこのツアーに参加できたことも嬉しく，つい涙がこぼれたのだと語ったという。また彼女はここの風景も素敵だが，盛岡周辺のそれはもっと素晴らしく，そこに住む自分はこの意味で幸福だと話した

由。裁判官としての初任地が仙台の私は，本庁と古川支部を合わせて約3年半の在任中に，盛岡を含む東北各地を訪れているが，東北の自然の美しさと厳しさ，そこに生きる人々の抜きんでた忍耐心などを想起しつつ，この女性の謙虚な幸福感に心打たれた。
9月24日（土）

フランス・マルセイユ寄港。夜出港。

今日はパソコンがほぼ順調に動き，原稿の整理も大分捗ったので，夕食時に自分への褒美として白ワイン1杯。
9月25日（日）

スペイン・バルセロナ寄港。

室内の整理のため追い出されるように8階へ行く。週刊文春2016年7月21日号があったので，拾い読みする。「宮崎哲哉の時々砲弾」(113頁)で，菅賀江留郎『道徳感情はなぜ人を誤らせるのか』（洋泉社，2500円）を紹介し，激賞していた。静岡の重大な冤罪事件＝二俣事件に関わる著作だというから，これは帰国後に是非とも読まなければならない。（帰国後読了）

それにしても，8階への往復ぐらいに大変な苦労をする。懐かしのバルセロナを散歩することなど夢のまた夢だ。

ピンコロ体操を今日から本格的に始める。（湯浅景元『生涯寝たきりにならないためのピンピンコロリ体操』(2012, 世界文化社) の3つの体操のこと。) これを祝して夕食に白ワイン1杯。あまり理屈付けになっていないか。この体操が功を奏して，キャンセルしてないキューバ・ハバナでのツアーに参加できれば有り難いのだが。
9月26日（月）

9月1日以降の新聞が入っている。日経の9月4日（日）と9

月11日（日）を読む。前者で佐野眞一『唐牛伝　敗者の戦後漂流』（小学館），後者で楊海英『逆転の大中国史』（文藝春秋）が目を惹いた。いずれも帰国後読んでみたいと思う。J.T. の Aug.31 も読む。

　朝食の席で向かい側に座った女性二人が静岡市（しかも一人は清水区）の人で，袴田事件について話が弾む。清水区在住の畏友大澤恒夫弁護士のことも話す。お二人とも名刺をくれた。矢澤清子さんと永澤安江さん。同室で4046。直ぐ近くの室だ。

9月27日（火）

　朝日9月4日（日）と9月18日（日）を読む。

　前者では荒川洋治『過去を持つ人』（みすず書房，2416円）の赤田康和による書評が注意を惹いた。著者は詩人だが，「本をこよなく愛する書評職人」でもあるとのこと。一見の価値はあろうか。（帰国後読了）もう一つ常磐新平『翻訳出版編集後記』（幻戯書房，3672円）も読んでみたい本だ。著者は1931-2013。私と同年生まれだ。謹んでご冥福を祈る。

　後者ではフェルディナント・フォン・シーラッハ『テロ』（創元社，1728円）に注目。著者は弁護士，巻末収録のスピーチでテロリストへの対応は「法という手段しかない」と言い切る由。この本は私にとって必読だろう。（帰国後読了）

　J.T. の Sep.8 と Sep.18 も読む。

9月28日（水）

　ポルトガル・リスボン寄港，出港。

　朝日9月11日（日）読書欄特記すべきものなし。J.T. の Sep.7 と Sep.10 も読む。

リスボンは国際会議なども含めて何度も来たことがあり，別に短時間外出しようとも思わない（帰船リミットは午後3時）。もっとも，外出したくてもこの体調ではもちろん無理だが。

　レストラン入口の僅か5，6段の緩やかな階段を上がり下りするのも，私にとって結構大変なことだ。が，モンテッソーリ教育の家で学んでいる学齢期前の子供たちには格好の遊び場と見える。中には微笑みを投げかけてくれる子もいて心が温まる。この子たちのために日本という国，社会を今よりも1ミリの千分の1，いや億万分の1でもヨリ良くするために一体私には何ができるのだろうか。この国，社会の現状について私にも製造物責任の一端があろう。たとい，結果的にはかえって老害の垂れ流しに終わるとしても，わが「論文もどき」でその責を果たすほかないと愚考するのだが。

9月29日（木）

　日経9月18日（日）とJ.T.Sep.2を読む。

　前者の書評で，ヘンリー・キッシンジャー『国際秩序』（日経新聞社，3700円）とエドワード・Q・ウィルソン『ヒトはどこまで進化するのか』（亜紀書房，2000円）が読んでみたい本だ。

　いつも食後はベッドに半ば寝そべり，呆然とテレビの映画を見るともなく見ている。音声は日本語のものでも聞き取りにくく（年のせいでやや難聴），まして英語など外国語のものはほとんど分からない。字幕は見にくいうえ，眼が疲れるので，あまり見ない。それでもなんとなく，全体的に理解できる場合が多いので，つい見過ぎてしまう。これは心身双方に良くあるまいと反省するのだが止められない。

9月30日（金）

　今日は異変が起きた。といっても，私に関することだから些事に過ぎないが。昨夜12時に時差調整で1時間プラスするのを，そうしたつもりがどこをどう間違えたのか。わが時計はまだ7時前なのにレストランは閉まっている。不思議に思って通り掛かりの人に時間を尋ねると，もう10時だという。驚いて簡単な食事を提供する8階のバーに行きかけたが，たまには食事を休むのも胃腸のために良いかもと考え直して室に戻り，室の整理をする人にその時間を午後1時からに変更してもらって昼食時間まで休息をとる。

　ここで船の食事時間についてちょっと説明する。寄港日以外の夕食は二組に分かれており，早めの組が5時から6時，遅めの組が7時から8時までだから，それを中心にして朝，昼の食事時間を決める必要がある。ちなみに，早めの組は中高年層，遅めの組は若い人が多いようで，当初から所属する組のカードが渡される。食事と食事の間には最低4時間は置くべきだろうから，朝は7時前，昼は12時半，夜は5時半を目安にレストランに行くのが私なりのルールである。

　11時半に昼食のためのレストランのドアが開くので，それを待ち兼ねたように中に入った。そんな異変のためか，その後も体調不良。まあ毎日のことだが。

　朝日9月14日（水）を読む。私の周囲の椅子には，明日のフランス寄港に備えてか，フランス語会話の入門書を熱心に勉強している高齢者が二人いた。その向上心に感服する。私などもう新しい語学を勉強する気力はない。ジャパンタイムズを日本でもこ

の船でも読み続けてはいるが，世界と日本の情勢を多少ヨリ良く知っていたいから半ば惰性的にしているだけだ。

10月1日（土）

　フランスのル・アーブル寄港。良い見所の多い街だが，ここには何度も寄港し，また一人で市内観光も繰り返しているので，別に下船したくもない。したくてもできないのだが。ひどい風邪のため船内に留まる人が若干名いる。河野氏もその一人で，明日は簡単なツアーに参加するつもりとのこと。彼はほとんど毎日プールで泳ぎ，健康に留意していたのに。彼はちょっと運動のしすぎかも。私見では，風邪を引く人は比較的若い層に多いと思う。高齢者は沢山服薬しており，その中には風邪防止の薬も混じっているので割合風邪を引かないのではないか。私はここ数年来風邪にかかったことが無い。もっとも，気管支拡張症の私が風邪を引くと肺炎になりやすく，そうなると命にかかわる危険もある，と主治医からは警告されている。

　朝日9月9日（金）を読む。J.T. はスタッフが読んでいるのか，ほとんど新聞の置き場所に無いので詰まらない。午後はNHK金曜時代劇『春が来た』というのを見て半日を空費してしまった。空費ついでに夕食では白ワインを飲む。まるで，小原庄助さんの現代版みたいな生活だ。少しでも動くのが大儀なのでどうしようもない。

10月2日（日）

　J.T. の Sep.15 と Sep.20 を読む。8階の廊下で新聞を読んでいるところに，河野氏がやって来て，38度以上の熱があり，食欲もないので，外出を止めたと話す。顔色も凄く悪い。その様子を

見てやはり彼も 80 過ぎの老人なのだということを痛感する。老化は誰しも避けることができないのだ。彼は障害 2 級だということも聞かされた（前に聞いたのかも知れないが，彼の元気さにかんがみつい忘れていた）。

　ほとんど無為に室内で時間を空費している私だが，多少の運動は続けている。それは三つのピンコロ体操である。これを続けていれば生涯寝たきりにならないで済む，という著者の言葉を信じてなるべく 1 日 3 回，すなわち午前，午後，夜各 1 回この体操を行っている。時間的には三つ合わせても数分で済むのだが。9 月 25 日の開始から 1 日も休んでいない。

10 月 3 日（月）

　イギリス・ティルベリー寄港。

　朝日 9 月 13 日（火）と J.T.Sep.15 を読む。前者では注目すべき死亡記事に目を惹きつけられた（38 面）。国立民族博物館名誉教授・加藤九祚(きゅうぞう)氏，94 歳のもの。氏はウズベキスタン南部・テルメズの病院で死去。1922 年韓国の慶尚北道生まれ。中央アジアの民俗学，歴史学の紹介に努め，65 歳から考古学に取り組む。上記民博の創設期メンバーとして活躍。立正大の学術調査隊顧問として今年 3 月に現地入りしたが，体調を崩し，9 月 7 日から入院していたという。まさに高齢化社会における生涯現役の学者・研究者の最高峰というべき存在だ。ほぼ 10 歳も年下の私などが弱音を吐くのは恥ずかしい限りだ。

　だが，その恥ずかしいわが姿を僅か 1 時間後には人前に曝すことになってしまった。係官が乗船して来て 8 階で入国審査が行われたのだが，長蛇の列で順番待ちをしているうちに気分がひどく

悪くなり，半死半生の思いで他の人に身体を支えられてやっと対面審査を終えたのだ。おまけに，室のカギになる ID カードを室内に忘れてしまい，室に戻るにも時間がかかってしまい，しばらくはベッドでぐったりして横になったまま。どうして急にこんなに老衰した身体になってしまったんだろう。ピンコロ体操もさっぱり効果が無いようだ。終始親切に身体を支えてくれた人は一般の船客だったように思う。頭が働かないためお名前と船室番号をお聞きするのをつい失念してしまった。なんとかしてお礼をいう方法を考えねば。

　そんな体調の中で，幸い食欲だけはあるのが不思議であるが，有り難いことである。今日も三食食べた。ピンコロ体操も続けている。

10 月 4 日（火）

　J.T. の Sep.9 と Sep.14 を読む。

　昨日入国審査の際に介護してくださった人へ宛てた手紙

　英国への入国審査の際にご援助くださった方へ

　　　　　　　　　　　　　船室番号 4052　萩原金美

　去る 10 月 3 日，入国審査の際は極度の体調不良のため歩行不可能に近い私を，ご親切にも終始ご介護してくださり，本当に有り難うございました。ご高恩は筆舌に尽くしがたいものです。是非とも，改めてキチンと御礼を申し上げる機会を得たいのですが，あいにく当時は頭も全く働かず，ご尊名と船室番号をご教示いただくことを失念してしまいました。お手数をおかけしてまこ

とに恐縮に存じますが、ご都合の宜しい時にご尊名と船室番号を記したメモを、私の室のドアのボックスにお入れ置きくださいますよう。以上、遅ればせながら何とぞ宜しくお願い申し上げます。

　この文章をピースボート事務局に頼んで掲示してもらうことにしよう。
　体調が悪いのに（で）、半ばやけ気味で赤ワインを注文し、風邪気味で気分が優れない河野氏を相手に少し放談をする。傾聴してくれた彼に感謝。それにしても彼の頭脳の柔軟さには驚嘆する。
　シャワーを浴びて着替えをし、上下の外装も冬物にする。
10月5日（水）
　ベルギー・ゼーブルージュ寄港、出港。
　週刊朝日2016年9月2日号があったので拾い読みする。高名なテレビのシナリオライターの橋田寿賀子氏（91歳）が最近『渡る老後に鬼はなし　スッキリ旅立つ10の心得』（朝日新書）を上梓したことに因んでそのインタビュー記事が載っていた。昨年12月から今年3月まで「『飛鳥Ⅱ』で海外クルーズに行きました。船の旅はお金もかかるけれど楽でいい。……なんといっても船旅では人物ウォッチングが楽しい。」といっているのが印象的だった。しかし、人物ウォッチングという意味では、贅沢過ぎる飛鳥Ⅱなどよりもピースボートのほうが多彩で面白いと思う。それはそれとして、昔、彼女とテレビの鼎談に出席したことを思い出した。参加者は他にオーストラリア人の知日派の知識人グレ

ゴリー・クラーク氏だった。当初は有吉佐和子氏の出席が予定されており，彼女の著書『恍惚の人』が話題となっていたところから，三者で日本の老人問題を議論することが意図されていた。ところが，有吉氏が急に都合悪くなりその代打者に橋田氏がなったのである。私は老人福祉の先進国スウェーデンに留学経験があるため知合いのディレクターに引っ張り出されたのだが，この鼎談は詰まらないものに終わった。橋田氏は全く準備をしておらず，クラーク氏も同様で，その平生の論調にふさわしい切れ味の鋭い意見はみられなかった。二人ともこの出演を軽視しているような感じがした。そんなわけで，私にはこれは失敗作だとしか思えないのに，番組が東京都教育委員会提供のせいか，視聴者の反応は結構良かったようである。（両氏には批判的なことを述べて恐縮だが，いずれも功成り名遂げた存在だから，この程度の批判は許されるだろう。）この体験に徴して，テレビ出演は自分の研究生活上プラスにならないと悟った私は，その後は誘いを受けてもテレビには出ていない（在官時代に関与した再審無罪の松山事件でテレビに追い回された件は別）。

10月6日（木）

　オランダ・アムステルダム寄港。寄港場所がなかなか決まらず，ツアー客などは大変だったらしい。外出しない（できない）当方は幸い無関係だが。

　J.T.Sep.5 を読む。

　夕食時白ワイン1杯。寄港日はツアーが行われるから，船のレストランで夕食を摂る人が少なく，また夕食時間が5時半から8時までと長くなる。そこで，寄港日の夕食時にはゆったりした気

分で，ワインを楽しむことが多い。ツアーに行けない代わりのほんのささやかな幸せだ。健康的には赤ワインが勧められているが，私の口にはどうも白ワインが合うので，大抵は白を飲む。

10月7日（金）

　航行中のせいか8階への往復に何度も倒れそうになる。ピースボート事務局に対し，4日に書いた介護してくださった方へ尊名と船室番号の教示をお願いする文章の掲示を依頼する。寄港続きで事務局が閉鎖のため遅くなった。

　『週刊金曜日』1068号（2015年12月18日号）で野坂昭如氏の絶筆「俺の舟唄　22」を読む（同月9日死去）。1930年生まれの85歳，死因は誤嚥性肺炎からくる心不全。2003年に脳梗塞で倒れ，自宅でリハビリ生活を送りながら執筆活動を続けてきた（矢崎泰久氏による―59頁）。知的活動の面では生涯現役といえよう。同年（氏は遅生まれの1930年，私は早生まれの1931年）の私も負けずに頑張らねば。（ちなみに，私が定期購読している雑誌類は東大出版会の機関誌『UP』だけ，その他は必要に応じて購読しているだけなので，『週刊金曜日』はこれまで読んだことが無かった。）

　売店で，ノートとキリシトールのガムを買う。船上では喉がひどく渇くのに，ガムを噛みたくならないのはどうしてだろう。帰国後医師に聞いてみる必要がある。

　今日から丸4日間は航行中。歩きにくくて叶わない。

10月8日（土）

　『週刊金曜日』を読む。体調すこぶる悪し。

　今夜は「オーロラパーティ＆ディナー」で正装をして夕食に行き，風邪が治った河野氏と共に白ワインを傾けたが，帰室後はす

ごく辛い。
10月9日（日）
　昨夜は9時間も寝たのに眠りが浅いためか6時半過ぎに目が覚めた時，まだ眠り足りない気がした。体調は起床時からすこぶる良くない。
　波がひどく荒い。歩行に注意せよとのアナウンスあり。それが体調不良にも影響している。
　昨夜11時過ぎから今朝4時ごろにかけてオーロラが見られたとのこと。そんな時間帯にそれを見る多くの高齢者たちのエネルギーに敬服する。船側もオーロラが見られるような航路をとり，船長はじめ乗組員が周到な準備をしているようだ。オーロラ観察が今回のクルーズの最大の目玉商品なのかも知れない。考えてみれば，スウェーデンに長く滞在し，アイスランドも何度か訪ねている私にもオーロラを見たことがあるかどうか記憶が乏しい。
10月10日（月）
　朝食で向かいの席に座った人から，「あなたが今回の船客の最高齢者ではないのか」と尋ねられた。歩行の覚束なさからはそう見えるのも当然だろう。この人は79歳（現在は単身）で横浜に隣接する藤沢の有料老人ホームに住むとのこと。
　船は船客サービスのために氷河を眺められる海路を数時間往復している。氷河は何度も見ているし，体調不良のためベッドで過ごす。しつこく濃い痰と咳が出るので，持病の気管支拡張症が悪化していることにほぼ間違いないだろう。でも，食欲だけは依然としてあるので助かる。
10月11日（火）

レイキャビック（アイスランド）寄港。私はもちろん船内にとどまる。今日からズボンを一番厚手のものにする。篠田桃紅氏の「目的意識」（ほんの無駄話　第三回）というエッセイを『ハルメク』2016年10月号で読む。氏は1913年生まれで、墨を用いた抽象表現という新たな芸術を切り拓いた人。次のような文章に注目させられた。

「私の作品には、目的意識がない。なんのためにもしていない。無。」(96頁)「最後は、やっぱり自分なんですね。書きたくないことは書かない。自分がいやなことはしない。」(97頁)「描いているときは集中していますが、集中すると同時に心を開放もしています。」(同頁)

この雑誌は初めて読むが（(株)ハルメク発行）、スタッフか船客の誰かが持ち込んで図書室に置いたのだろうか。最新号というのが解せない。

それはそれとして、氏の芸術作品の創造はそれ自体で価値があるから目的意識は不要なのだろう。が、私の雑文は裁判員制度の改善・改革のためにちょっぴりでも役立つことを狙うなど目的意識めいたものが無ければ全くの紙屑製造に等しい。結果的には紙屑製造に終わるにせよ目的意識皆無では書くのが無価値としか思えない。ただ、書くことが心の開放になるという一面は私の場合にもあるように思う。そんなことを考えさせられた。以上の程度の短文を書くだけでパソコンに向かっているのがシンドクて直ぐ少しベッドで横になりたくなる。情けない。

暴風雨が明日襲来の予想があり、船は予定を1日早めて今夜中に出港するという噂あり。

10 月 12 日（水）

　昨夜出港という噂は誤りで，今夜出港。ただし，外は暴風雨という。

　今日昼食の席で同じテーブルの反対側にいた老紳士と二人の中年女性の会話が聞くともなく聞こえてくるが，日本語と英語と中国語っぽい言葉が入り交じっているようで，奇異に感じていた。

　「お先に失礼」と軽く会釈をして通り過ぎようとすると，老紳士が立ち上がって傍に来てシンガポール人だと挨拶し，片言の日本語で当方の名前を尋ねた。外見はほぼ日本人だ。少人数ながら，様々な国の人が船客にいることが分かった。とても良いことだと思う。

　キャビン TV で「上意討ち──拝領妻始末──」を観る。これはかつてのクルーズでも観て，たしか船上講演の「パンドラの箱を開けて良いのか？……」（**第 6** の 242 頁参照）の中で「押しつけ憲法論」に関連して言及したことがある。

　昨夜から今朝にかけては海が荒れ，船の揺れが甚だしい。こんな大揺れは私の乗ったクルーズの中で初めての経験だ。室内の全てのものが激しく移動する感じ。

10 月 13 日（木）

　AERA 2016. 8. 22 号，Vol.29, No.36 で内田樹氏の「天皇の『お言葉』の宛先の明確さ／国民の知性と倫理性への信頼」という文章に目を惹かれた。

　「ある時期から，わが国の『公人』たちは聴き手の知性と倫理性を侮るようになった。」「陛下は，あえてその絶滅しつつある『知性と倫理性を備えた国民』に向けて話しかけ，これを祝福し

たのである。／日本人は私の言葉を受け止め，その含意を理解し，その付託を実践できる程度に賢いはずである。陛下は言外にそう語っていた。お言葉の個々の語句の意味よりもそのメタ・メッセージのほうを重く受け止めるべきだと私は思う。」(5頁)同感である。現天皇は現存する世界の人々の中で，最も人格，識見において傑出した存在に属すると私はかねがね確信している。

ちなみに，内田氏は公人ではないが，その驚異的な多数の著作の中には宛先である読者の知性を侮るようなものが無いではなく，氏の裁判員制度批判論に関連して私はこれを手厳しく批判したことがある(『検証 II』265頁以下)。いかに多才，速筆の人とはいえ，少々書き過ぎなのではなかろうか。

なお，この雑誌もこんな新刊号を一体誰が図書室に持ち込んだのか分からない。ともかく，新しい雑誌が読めるのは有り難いことだ。

以下は，こんなことを書くと本呆けの始まりととられるかも知れないが，晩年になってから私は神が目前に顕現したという実感を二度味わっている。その二度目が今朝起きた。まず最初のものについて触れておこう。

私の所属する「都民劇場」の例会で，国立劇場で歌舞伎を観ていた時のことである。10年近く前のことか。すでにかなり足が悪くなり，加えて頻尿の私が己れの体調を呪いつつ幕間にトイレに急いでいる時，直ぐ前を小人のような体型で足腰が悪い30代と思われる男性が歩いていた。その時私はなぜか，彼の姿に「これは神だ！」と実感したのだ。神が私よりもはるかに肉体的に不幸な人に化身し，私に傲慢になるな，求め過ぎてはいけない，こ

の人を見よ，と教えてくれたのだ。この神は私個人の守護神で絶対神とは異なるのかも知れない。だが，私にはそんなことを考える余裕はなかった。ともかく，これは神だと瞬間的に実感したのである。

今朝の体験もそうだった。朝食の際いつも定席のようにしている席の向かいに見知らぬ70歳代前半と思しき女性が座った。彼女は普通の健康な女性のように見えたが，実は両手の指がほとんどマヒしており，箸や茶碗を扱うのにひどく難渋していることに気付かされた。その時，私は二度目の神の顕現を実感したのである。今の私は下半身こそ車椅子使用直前の哀れな有様だが，手指のほうは全く支障が無く，パソコンを使い，下手ながら肉筆で書くことができる。食事を摂るにも全く不自由しない。神はこの女性を通じて私に傲慢になるな，求め過ぎてはいけない，現状を幸せだと思え，と諭してくれたのだ。私はそう直感した。(食事中は会話をせず，コーヒーを飲む時に少し雑談をするのが私の流儀だが，彼女は食事を済ませると直ぐに立ち去ったので話はしていない。)

どちらも実際には私の妄想ないし白昼夢に過ぎないのだろう。でも，それを大切にして日々を生きたいと思う。以上，痰と咳に苦しみつつ，激しく揺れる船中のパソコンに書き留めておく次第である。

10月14日（金）

遅蒔きながら，『週刊金曜日』1067号（2015年12月11日）で渡邊仁「セブン-イレブンの何が問題なのか」を読み，最高裁が同年9月，セブン-イレブン・ジャパンの加盟店の見切り販売妨害行為を違法と認め，賠償金の支払いを命じたこと，同年11月29

日に同社が同年の「ブラック企業大賞」を受賞したことなどを知った。この問題については**第2**の57頁以下で取り上げた。

　今日講演をする水先案内人〈特別講師〉は，午前が武者小路公秀氏（国連大学副学長等を歴任），午後は細川佳代子氏（細川元首相の夫人で，ボランティア活動に熱意を傾けているとのこと）。ピースボートは多種多様な良い講師を見つけてくるので感心する。どちらも出席してみたいが，体がしんどいので欠席する。

10月15日（土）

　9時間以上も寝たのに，朝6時半に起きるのが辛い。なんとか支度をして朝食に行ったが，あまり食欲がない。健康維持の最後の頼みの綱の食欲もいよいよ減退か？　昼食も同様。頑張って食わねば。ピンコロ体操だけは毎日2回続けているが，果たして最後の下船の日まで可能だろうか？

　幸い，夕食時には食欲が平常通りに戻ったようだ。もっとも，痰と咳の発作はひっきりなしで体力と塵紙の消耗が甚だしい。

10月16日（日）

　昼食時にノルウェーの若い女性弁護士を紹介された。紹介した人がスタッフか船客か，気分が優れないのを我慢して食事を始めたばかりだったので覚えていない。おまけに数日前から右耳が聴こえにくくなっており，あまり会話がスムーズに行かない。後で名刺を渡すことを約束し，ピースボートの川端哲氏との関係で乗船しているようなので，彼宛てに名刺を託した。ノルウェー法は，そのユニークな法曹一元制などにかんがみわが国でもっと注目・研究されて良い分野である。

　気分晴らしに土産物の購入申込書の下書きをした。

10月17日（月）

　昨日紹介された若い女性弁護士を含むノルウェー，イギリスおよび日本の若者が核廃絶の方法について議論するというトークイベントが今日午後1時から行われるとのこと。出席してみたいが，昼食と少し重なる時間だし，体調も優れないので断念する。

　体調といえば，室内の清掃等のために1時間室を空けねばならぬことが苦痛の極みだ。一刻も早く室に戻ってベッドで休みたいという気持ちがつのるばかり。

　「息苦しさ」には生理的なものと精神的なものとがありうる。多くの人が感じ，悩まされるのは精神的なものだろう。私は幸いにも自由気儘な人生を過ごし，好きな仕事をすることができたので，精神的な息苦しさを覚えることはほとんど無かった。だが，今になってその付けを一挙に生理的なものとして支払わされているような気がする。ベッドやイスから立ち上がり，歩く時に感じる苦痛は単なる息苦しさを超えた複雑なものだが，息苦しさがその主成分ではないか。そんな多分愚にも付かぬことを考えながら，1日を終える。

10月18日（火）

　今朝は起きるのが本当に辛くて朝食に行くのは止めようかと真剣に考えた。なんとか行ったが，あまり食欲が無い。体調は日々に悪化している感じ。毎日のように体調不良の泣き言を書いており，この第二の船上日誌が，正岡子規の『病牀六尺』などに似てきた。もちろん早世の天才の凄絶極まる闘病記とは天地の差のある凡庸な老法律家の雑文に過ぎないが。

　『週刊金曜日』で図らずも，畏友阿部浩己氏の論考を目にした。

「『日本国憲法＜国際法』の人たちへ　国際法からみた戦争法案の法理的矛盾」（1054 号（2015 年 9 月 4 日）12-13 頁）である。「日本国憲法に日本国際法の規範的針路が示されている」とするもので，彼一流の明快な文章で説得力に富む。嬉しくなり，しばし身体の苦痛を忘れることができた。

10 月 19 日（水）

　昼食時にレストランへの階段あたりでどうにも足が動かなくなってしまい，車椅子で診療室に運ばれる。酸素濃度が 90 以下になっており，今後食事は自室に運んでもらうとともに，トイレに入るのも危険ゆえ看護師（二人とも女性）の人に面倒を見てもらうことになる。後者は気恥ずかしいが止むを得ない。

　以下は船上から離れた病床日誌である。

　19 日以降，終日ベッドで寝て過ごす生活を続けてきたが，ニューヨークを出港してキューバに向かう途次，西インド諸島北部の島嶼国家バハマ（人口三十数万）の首都ナッソーで，私は現地の病院に救急車で運ばれ，救急治療を受けることになった。船からは看護師の Y さんが同行してくれた（氏名を明示しないのは他の診療室スタッフとの均衡上）。彼女はルックスが良く，おしゃれのセンスも抜群の若い女性だが，驚いたことに極めて流暢な英語の使い手で，医学用語を駆使して現地病院の職員に説明をしていた（たぶん帰国子女なのかも知れない）。幸いに私の通訳となる現地の人も見つかり，病院に来てくれた。ユリーさんという知性的な容貌の中年の日本人女性で，偶然にも神奈川大学の近くに所在する

某名門女子高校で学び，現地の人と結婚しているとのこと。ちなみに通訳料は 1 時間 6000 円である。

　病院に着いたのは正午ごろだが，当日は月曜のためとくに救急治療室が混雑する日で，6－7 時間は待たねばならないといわれ，その待合室のベッドに寝かされた。夕食はユリーさんが買ってきてくれたサンドイッチと飲み物で午後 10 時過ぎに済ませた。意外にもこの国にはコンビニがないそうで，こんな買い物も不便なようだ。

　ユリーさんが帰り，一人ベッドに放置された私は，わが生涯における最も苦痛に満ちた 4 日間をそこで過ごすことになるとは全く予想していなかった。今この箇所を書いているのは帰国後の第 2 の入院先である KS 病院のベッドの上だから，「喉元過ぎればなんとやら」で，現在の私にはあの体験を的確に描写することなぞ到底できそうにないが，その一端でも書き残しておきたいと思う。

　待合室には重症の患者のために移動式ベッド数台が置かれていたが，苦悶のあまり大声で悲鳴をあげる患者もおり，とりわけ私の隣人の中年女性はひどかった。彼女は異常なほどの肥満体で，その声も迫力に満ちていた。（ちなみに住民の約 1 割はイギリス系白人，残りの大部分はアフリカ系黒人との混血という。この病院のスタッフも患者もほとんど混血だった。彼女も然りだ。）こんな状態で何時間も待たされる彼女は全く気の毒だが，ドア一つ隔てた隣室では医師が彼女らの悲鳴を耳にしながら，冷静かつ熱心に患者の診察・治療にあたっているのだ。私は深夜ようやく自分の番が来て医師の診察を受けてこの事実を知り，いいようのない感動に襲わ

れた。医師は患者に対する安易な同情心を抑えてその仕事を的確に進めなければならないのだ。とくに私を担当した医師の顔には深い学殖と教養が滲み出ている感があった（この感じは他の医師たちからは受けなかった。彼は深夜の勤務を終えて帰る時も私にいたわりの言葉をかけ，握手までしてくれた。この病院における唯一の良き思い出である）。さて，診察後私は朝まで待合室に放置されたまま。待合室の患者は変わってゆくが，阿鼻叫喚の状況に変化は無い。これでは眠ることなど不可能に近い。そして翌日以降は待合室廊下の片隅に実に4日間も放置された。その間食事は簡単なものが支給されたが（もっとも，2日目は手違いからか昼・夕食がもらえず，約24時間をペットボトル1本の水で凌いだ）。火曜日以降はさすがに月曜ほどの混雑は無かったが，それでも深夜になっても待合室の患者の悲鳴は絶えることが無く，安眠などできなかった。診察の翌日には多分退院できるだろうとユリーさんから聞かされていたのになぜこんなことになったのか，今でも私には理解できない。病院が私を空路帰国させることの可能性について判断がつきかねたのか，保険会社が費用の負担について難色を示したのか（彼女からはそういう話もあった），あるいは双方なのかも知れない。彼女自身一所懸命私の退院のために努力しているのだろうが，1日に1回ごく短時間面会に来てくれる程度だった（病院から厳しく面会を制限されていたようでもある）。私はここでこのまま死ぬのではないかと真剣に思わざるを得なかった。「阿鼻叫喚」，「七転八倒」，「生き地獄」という言葉の深い意味を本当に理解できるような貴重な体験をしたのである（もっとも，伝えられる世界各地の野戦病院における患者の想像を絶する苦境に比べれば，私のこの程度の経験なぞ

物の数ではないのだろうが)。俳聖芭蕉の辞世の句とされる「旅に病んで夢は枯野をかけ廻る」をもじった「旅に病んで夢は世界をかけ廻る」がわが辞世になるのかと思ったりした。凡庸な私も芭蕉より何百年も遅く生まれてきたお蔭で彼の全く知らぬ世界を垣間見ることができた，もって瞑すべしかも，という感慨に浸ったりした。

　また，ここで痛感したのは厳密極まる役割分担意識の徹底である。ペットボトルの水が無くなったので補充してもらおうと思っても誰に頼んでよいのか分からず，通りすがりのスタッフに頼んでも全く相手にしてくれない。業を煮やして大声でわめいても無視されたままだ。その担当の者がいるようで，運よくその者に巡り合わせると漸く希望が叶えられる。救急病棟の性質上，厳密な役割分担のルールとその遵守も必要だろうが，これでは患者に対する人権無視も甚だしいのではないか。およそルール（法規範と言い換えてもよい）はゴム輪のようなもので，時と場所そして状況に応じてある程度の柔軟な解釈適用が不可欠である。民法学における利益衡量論はその法解釈学的精錬の結晶だろう。こんな場所でこんなことが念頭に浮かぶのは，たとい生き長らえたとしても脳が壊れてしまうのではないかという恐怖からそれを防止しようとする潜在意識の作用だったかも知れない。

　木曜日の夕方になって，漸く翌朝早く空路日本に帰国することが確定し，退院してホテルに移った。そこで簡単な夕食をとり，翌日午前8時ごろ発の便でまず米国の某都市の空港（頭が朦朧としていたためその名称を思い出せない）へ，そこからロサンゼルス，

羽田と介護者付きのファーストクラス（ユリーさんからそう聞いていたが実際にはビジネスクラスだったらしい）で帰国することになったのである。

　もちろん，とても一人では行動できないので，現地の女性が介護役として同行してくれることになった。名前は覚えていないが，看護師またはこれに類する職業経験を有したという初老の陽気な若干太めの女性である。彼女は羽田までの便は私の隣席だが，帰りはエコノミークラスだとのこと。そうでなくては困る。費用は私の負担なのだから（それが保険でカバーされるのかどうかまだ不明である——その後保険金の給付を受けた）。羽田に着いたのは10月29日の午後12時近く。深夜なのに安川美佳（本文冒頭ではM・Yと表記）さんご夫妻と弟・仁の次男嗣仁夫婦とが迎えに来てくれていた。

　直ちに待機していた救急車に乗せられ，T医科大学O病院の救急病棟に運ばれ，各種の検査を受けたうえ入院することになった。ここで1週間近くを過ごし，次いで11月4日に自宅近くのKS病院に移った。（病院名を具体的に明示しないのは，病院ないしそのスタッフに対するやや批判的な意見を有しており，それが必ずしも適切でない可能性も考慮したからである。）

　結局，退院できたのは12月3日，船はすでに11月29日に横浜港に帰着している。したがって，この船上兼病床日誌もこれで終わることにしよう。なお，私の病気は最終的に慢性閉塞性肺疾患（COPD）と診断された。

附　記

　本稿をあえて発表するについては，90歳を越える知の巨匠・外山滋比古氏の「フィナーレの思想」（前掲〔**第4**注4）〕『ものの見方　思考の実技』179頁以下）に勇気付けられた。もっとも，このことは**第4**の本文などについても当てはまることである。

第6

パンドラの箱を開けて良いのか？
―― 自衛隊と憲法9条の改廃問題に関する私見 ――

前説として

　本稿はほぼ10年前に書いたものである。その内容の重要部分は拙著『検証・司法制度改革 Ⅱ 裁判員裁判・関連して死刑存廃論を中心に』（2016，中央大学出版部）64頁以下，等に掲載しているが，全文の活字化をしたことはなく，そうする意思もなかった。憲法学の門外漢がある事情からやむなくピースボートの世界一周クルーズの船上で行った講演内容を文章にまとめたものに過ぎないからである。

　しかし頃日必要があってゴミの山のような書斎の中でやや古い文献資料の一つを探索していたところ，図らずも憲法学の権威である長谷部恭男教授のお手紙が出てきた。私は憲法9条に関する憲法学説の中では同氏の見解に最も惹かれていたので，かねて氏に多少の面識があったところから，厚顔にも素人の憲法談義について専門分野の第一人者のご高評を得たいと思って拙稿のコピーをお送りしたのだ。このお手紙*

はそれに対するご返事であるが，拙稿の内容について想像外の高い評価を与えてくださった。はるかに年長の私に対するご配慮からのリップサービスという面もあったろうが，私としては安堵の念と深い喜びにひたったことを想起する。

　今このご返事を再読して，憲法9条をめぐる現下の厳しい状況にかんがみ，拙稿の全文を活字化することにも多少の意味があるのではないかという思念に強く駆られる。そして拙稿の説得力を増強するためにこのお手紙も併せて掲載したいと愚考し，氏にこれを公表することについてご許可をお願いし，快諾していただいたという次第である（なんだか「虎の威を借る狐」みたいな気も少々しないではないが）。

　実は私の手元には完全な原稿がなくなっているので，船上講演の主催者というべき倉持秀次郎氏（千葉県松戸市）と林昭雄氏（茨城県笠間市）に協力をお願いして，林氏が所持されている原稿のコピーをお送りいただいた。林氏は原稿と共に，「『9条の会・かさま』通信」のバックナンバーも多数同封してくださった。同氏はたしか私よりも若干年長のはずだが，今なお同会の代表世話人であり，同誌に優れた論考を精力的に寄稿されている。両氏の労を謝するとともに，同誌を読んで，会員諸氏の平和に賭ける熱い志に心を打たれたことを記しておきたい。

　＊長谷部教授の返信（2007年7月1日付）
萩原金美先生
時下ますますご清祥のこととお慶び申し上げます。

この度は，ご玉稿「パンドラの箱を開けてよいのか？　自衛隊と憲法9条の改廃問題に関する私見」をご恵投賜り，まことにありがとうございました。韓国への出張から帰国した昨日から今日にかけて，拝読いたしました。

　憲法9条と自衛隊に関わる問題は，中・長期的視点に立った冷静な計算に基づいて判断すべきであるとの姿勢，および憲法9条を改廃することに利益は見出しがたいという結論については，まことにそのとおりであると考えます。静かで落ち着いた論理と古今東西にわたる引証事例に基づくご高論の展開は，説得力があり，感銘を受けました。国民の税負担，徴兵制の問題など，個別の論点に関するご説明も，その通りであると考えます。また，拙論についてもわざわざご言及をいただき，感謝の念に堪えません。

　昨今の政治状況，とくに喫緊の政治課題を放置して改憲で火遊びをしようという現政権の姿勢には，危惧を感じさせるものがありますが，他方で先生のご講演は，とくに「おじさん，おばさん」の聴衆に好意をもって受け入れられたとのこと，この社会もまだまだ捨てたものではないとの希望を抱かされます。

　以上，感想めいたものを書き連ねさせていただきました。乱筆乱文，失礼のほど，お許し下さい。

敬具

長谷部恭男

(要旨)

　自衛隊はその実質において優に他国の軍隊に匹敵するが，刑法36条（正当防衛），37条（緊急避難）の場合以外は武器の使用によって人に危害を与えることを禁じられており，厳密な意味での軍隊ではない。いわば「軍隊もどき」なのである。したがって，憲法9条に違反する存在とまではいえない。

　上記のように憲法9条は自衛隊を軍隊化しないための歯止めとして機能しており，これを改廃することは日本と日本国民のために重大な不利益，危険を伴う。常識的バランス論，損得論の見地からみて9条はこのまま維持すべきで，自衛隊の軍隊化は百害あって一利なしの愚策である。改廃はパンドラの箱を開けるのに等しく，その結果として本文で詳述するような多くの災いが出現するだろう。

I．はじめに——結論の提示など

　ピースボートの乗客はピース族とボート族に大別されるといわれています[1]。前者は平和問題に深い関心を有する人たち，後者は主たる関心が旅行に向けられている人々です。私自身はモグラ族とでもいうべきで，狭い船室にこもって残りの人生の手持ち時間で自分なりにできる仕事をまとめるべくこの船に乗った者です[2]。しかし，船中で「9条チーム」の方々の平和に対する熱意あふれる活動に感銘を受け，自分はエゴイスチックに過ぎることを反省させられました。それで，9条チームのご要望にしたがい皆様に自衛隊と憲法9条に関する私見をお話しすることになりました。ピース族とボート族の相互理解に資するような話ができれ

第6　パンドラの箱を開けて良いのか？　217

ばと願っております。

　まず，お断りしておきますが，私は憲法学者ではないし，まして防衛問題については全くの素人です[3]。これまで自衛隊や憲法9条に関する論文を書いたり，公的に発言したりしたことは一度もありません。これから申し上げることはこの船旅の中で私なりに考え抜いたことに過ぎません。しかし，一応法学者の端くれですし，またいささかの戦争体験を有する人間なので，多少は皆様のご参考になるようなことを申し上げられるのではないかと考え，この壇上に立つことを決心しました。

　私は15年戦争が始まった1931年に生まれ，敗戦時は14歳，農業学校1年生（現在の学制では中学3年）でした。顧みると，当時の状況は伝えられる北朝鮮の現況と全く同様，いやもっとひどかったかも知れません。軍国少年の私は，米軍が進駐してきたら殺されるか奴隷にされると信じ込んでおり，潔く切腹自殺をしようかとまで考えました。――さすがに実行する勇気はありませんでしたが[4]。そして戦中，敗戦直後の生活と現在のそれを比べればまさに雲泥の差，王様と乞食の違いがあります。つくづく平和の尊さ，有り難さを実感せざるを得ません。

　前置きはこのくらいにして本題に入りましょう。途中で退席される方もあるかも知れませんから，まず結論を申し上げます。第一に，自衛隊はその実質において優に他国の軍隊に匹敵するが，刑法36条（正当防衛），37条（緊急避難）の場合以外は武器使用によって人に危害を与えることを禁じられており，厳密な意味での軍隊ではないということです。自衛隊はいわば「軍隊もどき」な

のです[4a]。したがって、自衛隊は憲法9条に違反するとまではいえないと私は考えます。

 第二に、憲法9条は自衛隊を軍隊化しないための歯止めとして機能しており、これを改廃することは日本と日本国民のために重大な不利益、危険を伴うということです。常識的バランス論、損得論の見地からみて9条はこのまま維持すべきで、自衛隊の軍隊化は百害あって一利なしの愚策だと考えざるを得ません。

 以上の結論について、これからその理由をだんだんと申し述べます。

 私は護憲論者も改憲論者もそれぞれの理想を追求していることを疑いません。しかし、理想を語ることは容易ですが、それに向かって一歩でも前進するためには大変な配慮と努力が必要です。かつて次のような文章を読んだことがあります。「理想を掲げるのは容易い。……しかし真に現実に屈服せず、空想を弄せずに、より良き社会を実現しようというのなら、そこに『冷たい計算』と『狡いほどの賢明さ』が不可欠である。」[5] この言葉はとりわけ平和問題を論ずるときに銘記すべきでしょう。聖書においてもイエスは旅立つ弟子たちに、あなたがたは狼の中に入ってゆく羊のようなものだから、「蛇のように賢く、鳩のように素直であれ」と教えています（マタイ伝10章16節）。この蛇の賢さとは、エデンの園の蛇から連想されるように、「狡いほどの」というニュアンスを伴った賢さでしょう。残念ながら国際社会には群狼が牙を剥く社会という一面があることを否定できません。平和の問題を考えるとき私たちはナイーヴであってはいけないと思います。あくまでも理想は高く掲げながら、そこで生き抜くためには蛇の

賢さ，奸智が必要です。私には護憲，改憲双方の側があまりにもナイーヴなように思われてなりません。丸腰で国が守れるというのも能天気すぎるでしょうが，資源小国（例えば食料自給率僅か40%）の日本を軍備拡大路線で守り切れるというのも幻想ではないでしょうか。ちなみに，ナイーヴ naive という言葉は，日本語では「純真な，素朴な」という肯定的な意味で捉えられていますが，英語では，「世間知らずの，だまされやすい」という否定的な意味で使われるのが通例です。このことは日本人のナイーヴさと深く関わっているように思えます。

とくに常識的バランス論，損得論では蛇の賢さを重視した各論を述べるので，その総論的なことに少々言及した次第です。

注
1)　本稿は，私がピースボート第56回クルーズ（2007年2月25日-6月6日）の船上で行った講演を整理して文章化し，これに注記を付したものである。なるべく講演の実況を再現するように努めた。注記は読み飛ばしていただいても差し支えない。論文を書くときの私の悪い癖が出て，この種の文章としてはややくど過ぎる注記になったようである。しかし，もっと勉強をしたい若い人などには役立つかも知れない。なお，後記参照。
2)　私は第49回クルーズに乗船し，船が「動く書斎」として活用できることを実感した。このときの仕事は，拙編著『スウェーデン法律用語辞典』（2007，中央大学出版部）の一部を成している。同書266頁参照。
3)　衆議院憲法調査会長の中山太郎氏は，調査会報告書の「まえがき」で，「憲法論議を憲法学者だけのものにしてはならない」と述べているとのことである（愛敬浩二『改憲問題』（2006，ちくま新書）244

頁による)。したがって，私にも発言の資格はあるということになろうか。なお，同書は全篇が憲法9条の改正問題を論じたもので，諸説の紹介・批判にすぐれ，この問題に関する小百科的利用にも適する。(念のために付言すると，私の専門分野は民事訴訟法，裁判法（司法制度論）およびスウェーデン法である。)

4) 1930年生まれの半藤一利氏も「私自身は，アメリカ軍が来て占領したら，南の島かどこかで一生奴隷になるんだと教えられていました。」と述べている（同『昭和史　戦後篇』(2006, 平凡社) 13頁)。ちなみに，同書は歴史小説みたいに面白く読め，憲法改正問題を考えるうえですこぶる有益である。必読書といっても良い。

4a) その後，真田左近『平成の防人たち　元幹部自衛官の心からの諫言』(2005, 展転社) が自衛隊を「軍隊もどき」としていることを知った (123, 173頁)。この表現のプライオリティーは真田氏にあるというべきである。ただし氏は否定的，私は肯定的な意味で用いている。ちなみに，氏（元2等空尉）は自衛隊を違憲とする改憲論者であるが，同書は自衛隊の内実について経験に基づく興味ある記述に満ちており，護憲論者にも一読の価値があろう。

5) 宮崎哲哉「論壇時評」東京新聞2005年12月28日（水）夕刊9面。なお，Ⅲの注3) の「狡猾な平和は愚直な戦争よりましである。」という呉智英氏の言葉も参照。

Ⅱ．「軍隊もどき」としての自衛隊

自衛隊は軍隊ではなく，「軍隊もどき」だ，したがって，違憲の存在ではないなどというと，それは政府擁護の論弁だという声が聞こえてきそうです。しかし私は法律家として真面目にそう考えているのです[1]。この問題を理解するためには，「法の解釈」ということについて基本的なことをご説明する必要があるで

しょう。別に難しいことを申し上げるわけではないので少し我慢してお付き合いください。

　法律学，法の解釈は神学，聖書の解釈に似ています[2]。聖書の言葉は，神意を人間の言葉で 2000 年も前に文字化したものです。それをある時代と場所において妥当させるためには解釈という作業が必然的に要求されます。第一に神意を人間の言葉で文字化したことに伴う不明確性を解決しなければなりません。第二に時代の変化に対応した解釈をしなければなりません。原理主義というのは聖書の文言をそのままに信ずる立場ですが，それがシリアスな問題を生ずることはコーランに関するイスラム原理主義の例を考えれば直ちにお分かりいただけるでしょう。

　憲法や法律（簡単のため，以下では単に法，法律といいます）の言葉は，万人を対象とするので自然言語（ふつうの言葉）を用います[3]。したがって，辞書的定義だけでは十分でなく解釈によって厳密に定義することが必要になります。例えば「出生」という言葉は，刑法では母体から胎児が一部露出したこと（一部露出説），民法では全部露出したこと（全部露出説）を意味します。

　一部露出説は胎児を保護するためで，一部露出した胎児の殺害には殺人罪（刑法 199 条）が適用され，堕胎罪（刑法 212 条）にはなりません。前者は死刑，無期懲役または 5 年以上の有期懲役，後者は 1 年以下の懲役で，両者の刑罰には大きな差異があります。

　全部露出説は私法上出生が権利・義務の主体（「権利能力」といいます）となる始期なので，その時点を明確にする必要からです。

　このように法律用語は当初から解釈を必要とする宿命を負っているのですが，法律が規制（規整）する対象＝法的現実は不断に

変化し続けています。このことを今度は「死亡」についてみてみましょう。臓器移植が可能になる前には人の死は心臓の拍動（心拍）の停止，呼吸停止，瞳孔の散大の三つを基準にして判断されてきました。しかし臓器移植には脳死状態の人の臓器が必要とされます。そこで脳死を死と認めるべきかどうかが大きな問題になります。たしかに脳死状態になった人は不可逆的に従前からの基準による死へと向かうわけですが，果たして脳死段階で死と判断してよいかどうかは難問です。「臓器の移植に関する法律」は奇妙な法律で，脳死が死かどうかという問題に対する回答は避けて，脳死を全脳死と定義したうえで，厳重な要件のもとに臓器移植の場合については脳死した者の身体も死体に含まれるとしています。「死亡」に関する法解釈は今後とも未解決のままに残されています。

　以上は，ふつうの法律の場合ですが，憲法についてはその規定内容がより一般的であること，改正手続がはるかに慎重・厳格であることなどから，法解釈の枠がさらに広範にならざるを得ません。

　さて，これだけの予備知識を踏まえて自衛隊と憲法9条の問題を考えてみましょう[4]。たしかに事実的側面だけからみれば自衛隊は世界有数の軍隊です。しかし，自衛隊法92条の4，「イラク特別措置法」17条[5]，「周辺事態法」11条などはいずれも自衛隊の武器使用について「刑法36条〔正当防衛〕または37条〔緊急避難〕の場合にあたる場合のほかは人に危害を与えてはならない。」旨定めています。これは奇妙きわまる法文ではないでしょうか。軍隊とは敵側の人を殺傷する組織でしょう。私は寡聞にしてこんな奇妙な軍隊が存在することを知りません。自衛隊は「縛

られた巨人」なのです。縛っているものは何か。いうまでもなく憲法9条です。自衛隊は軍隊で違憲の存在だと軽々しく断じてはなりません。それは憲法9条に死亡宣告をするようなものです。自衛隊が違憲だとしたら，違憲の状態を解消するために9条を改廃すべきだという論理にはそれなりの合理性があります。自衛隊を廃止すべきだという反対方向の論理も成り立ち得ますが，死亡してしまった人を生き返らせることができないのと同じで，廃止論は現実的には空論と響くでしょう。だが，憲法9条は「どっこい，まだ生きている」のです。それは悲観的な見方をすれば脳死に近い状態かも知れませんが，最後の力を振り絞って自衛隊という巨人をしっかり縛り付けているのです。

　ここで自衛権とは何かという問題についても述べておくべきでしょう。憲法9条は自衛のための戦争も放棄したのだという見解が少なくありません。すべての戦争は自衛のための戦争という口実で行われます。正面から「侵略のための戦争」と揚言することなど考えられません。ですから，こういう見解が生ずる理由も納得できます。

　しかし自衛を口実とする侵略戦争と真に自衛のための戦争とは区別しなければなりません——実際にはその区別は困難で結局は「歴史の審判」に委ねざるを得ないにしても。個人の場合の正当防衛に相当するのが国の自衛権です。わが国では正当防衛について刑法36条と民法720条が規定していますが，このような条文がなくても正当防衛は自然権＝自己保存権（コーナートゥス conatus）として当然に認められるといわなければなりません。それは「人間に自分を守る権利がなければ，そもそも人間社会が成

り立たない」からです[6]。個人が外敵に対して本来的に有する正当防衛の権利の総和が国の自衛権だと解釈されます。この自衛権は憲法によっても否定できない性質のものというべきです。自衛隊は外敵に対する個人の正当防衛の権利の総和を国民から包括的に受託・管理している国の組織体と考えられます。念のために付言すると，個人の正当防衛権の総和は「集合体としての国民の正当防衛権＝自衛権」とは異なります。あくまでも個人ベースのものです。したがって，そこから集団的自衛権までは出てきません。

　自衛隊が軍隊ではないことについて別の説明をしましょう。日本では20歳で成人になります（国民投票法に関連して18歳に引き下げることが議論されています）。しかし，未成年で成人よりも肉体的または知的にはるかに優れている人は少なくありません。だからといって，そういう未成年者を成人として扱い，単独で法律行為ができる能力（「行為能力」といいます）や選挙権を認めるというような議論はありません。事実上の能力と法律上の能力とは別物なのです。自衛隊についても全く同様に考えるべきです。

　したがって，自衛隊は軍隊ではなく，「軍隊もどき」とよぶのが適切です。もどきとは「まがいもの，イミテーション」という意味です。（私が「軍隊もどき」に大きな積極的意義を認めていることは後でお話しします。）

　なお，憲法9条の改正について提案されている様々な文言について一言します。それぞれ苦心の力作なのでしょうが，制定法の文言は起草者，立法者の意図を超えて一人歩きすること，またそういう解釈の必要性があるということに注意しなければなりません。その意味では60年の風雪に耐えて法解釈論的に錬磨されて

きた現在の9条は安心できる法文です（政府の法解釈に対する賛否は別論として）。諸外国からの無用の邪推，揣摩臆測を喚起しないためにも9条の文言は一字一句たりとも変えないのが無難です。

　ところで，上記の自衛隊法などの法文に関連して，私は内閣法制局の寄与するところが大きいのではないかと推測しています。内閣法制局というのは政府提出の法案の最終的チェックなどを行う役所です（その長官は新内閣の発足時に大臣と並んで最後に名前が載ります）。内閣法制局は政府の一部局には違いありませんが，法案作成のプロ，政府のための法解釈のプロとしての強烈な誇り，自負を有しており，最高裁において容易に違憲判断を受けないような法案作りに細心の注意を払っていると思われます。私はかつて雑談の席で，私がその学識を高く評価するある法学者から，日本で違憲判決が少ないのは内閣法制局がしっかりしているからだという意見を聞いたことがあります。正直のところ，そのときはちょっと甘いんじゃないかなと思ったのですが，現在では彼の意見はかなり正しいように考えます[7]。

　以上，自衛隊は軍隊もどきで，違憲の存在ではないという理由をご説明しました。私はこれは決して法律家の詭弁でないと信じているのですが，果たしてご納得を得られたかどうかは皆様のご判断に委ねるほかありません[8]。

注
1)　私見を擁護するために，憲法論として以下の論述を援用する。「九条の文言はたしかに自衛のための実力の保持を認めていないかに見えるが」「自衛のための実力を保持することなく国民の生命や財産を実効的に守ることができるかといえば，それは非現実的といわざる

をえない。」憲法9条は「答えを一義的に決める『準則 (rule)』ではなく,答えを一定の方向に導こうとする『原理 (principle)』にすぎない」のである（長谷部恭男『憲法とは何か』(2006,岩波新書) 72頁)。この長谷部説に対する批判としては,愛敬・前掲『改憲問題』151-153頁を参照。ちなみに,私は9条に関する憲法学説の中では長谷部教授の見解に最も惹かれる。同氏の著作としては,『憲法と平和を問い直す』(2004,ちくま新書),『これが憲法だ！』(2006,朝日新書)（杉田敦教授との共著）も一読に値する。前者ではとくに142頁以下,後者では第2章が9条問題を扱っている。後者は対談形式なので比較的読みやすいだろう。

2) 中世ヨーロッパにおいては聖職者,神学者の多くが法学者でもあった。例えばスウェーデンにおける最初の優れた法理論家であるオラウス・ペトリは,マルティン・ルターの役割をスウェーデンで果たした宗教改革の指導者である。前掲・拙編著『スウェーデン法律用語辞典』257頁参照。イスラム社会では今日もなお聖職者すなわちイスラム法学者である。

3) 憲法と法律の差異を強調するあまり,憲法は時代を越えて守るべき価値,理想を定めたものだという説を成す人がいる。両者が異なることは勿論だが,両者は法規範として基本的同質性を有する。憲法は最高の法律（憲法98条は「最高法規」と表現する),最も大切な法律なのである。憲法が時代を越えて守るべき価値,理想を定めたものだとすれば,それに違反する法律は違憲としてその効力を否定されることになるから,結局のところ時代を越えた価値,理想が現在の実定法の世界を支配するという珍妙な結論になってしまわないか。憲法を法律から隔絶した次元におく,このような護憲論は,憲法の法律との基本的同質性を軽んずる点において,憲法前文を文学者に起草させようとした一部改憲論者の動きと相通ずるものがあるといえよう。「しょせんは憲法も法律」（長谷部・前掲『憲法と平和を問い直す』173頁）であることを忘れてはならない。ましてい

わんや，憲法は「宗教の代わりにはならない」（同書179頁）のである——護憲派も改憲派もその一部はあたかも宗教の様相を呈しているので，あえてこのことをいう。

　ちなみに，以下の論述に対しては，個人の問題と国家の問題とは論理的に全く違うという見地からの批判が出るかも知れない（いわゆる「戸締まり論」に対してはこのような批判が向けられている）。両者の違いを否定するつもりはないが，できるかぎり個人の問題に引き寄せて考えたほうが一般市民には分かりやすいと思う。国民投票に参加する全ての有権者に分かりやすい議論が必要なのである。なお，憲法論における民法規定の引照の例として，長谷部・前掲『憲法とは何か』188頁をみよ。

4)　以下，文脈に応じて，9条のほかこれに関連する前文を含む意味で用いる。

5)　以下，長い題名の法律は略称を用いる。

6)　的場昭弘「論壇時評　日本という国の愛し方」神奈川大学評論56号（2007）177頁。

　吉本隆明氏も，「自分の家族が目の前で殺されたという事態になった時に，非戦条項もへちまもあるものか……。即座に武器を持ち出してきてやるし，たとえやられると分かっていてもやるかも知れないし，それだけのことで，憲法の規定がどうだとかというのは意味がないですね。」と語っている。「吉本隆明氏インタビュー〈真の人間的解放〉とはなにか」別冊 Niche〔ニッチ〕Vol. 1（2003, 批評社）33頁。

7)　長谷部・前掲『憲法とは何か』111-112頁にも同趣旨の指摘がみられる。今里義和『外務省「失敗」の本質』（2002, 講談社現代新書）によれば，イラク特措法案の作成にあたって内閣法制局は憲法を守る立場を強く意識し，外務省と対立したという（67頁）。なお，内閣法制局については，西川紳一『立法の中枢　知られざる官庁　内閣法制局』（2000, 五月書房），その審査の実態については田丸大『法

案作成と省庁官僚制』（2000，信山社）19-25 頁が有益である。現在の法制局（長官）の政府への追随ぶりしか知らない読者には，かつての法制局が強力な護憲的機能を発揮したことなど夢物語のように思われるかも知れない。だがそれゆえにこそ，この記述をそのままに残しておきたいのである。その他にも，拙稿の記述中にはすでに不適切になっている点が少なくないにせよ，なお基本的妥当性を有することに注目していただきたいと切望する次第である。

8) 内田樹氏によれば，「九条のおかげで，自衛隊は侵略的な軍隊になるおそれがないし，自衛隊が認められるなら，九条を維持したほうが賢明だと考えるのが『おじさん的』思考である。」（愛敬・前掲『改憲問題』159 頁の説明による。内田『「おじさん的」思考』（2002，昌文社）は未見だが）。その後，同書の文庫版である角川文庫（2011）で読んだ。第 1 章の「『護憲』派とは違う憲法 9 条擁護論」という文章がそれである（同章の他の論考にも憲法 9 条に関する若干の言及がある）。このテーマを離れても同書は有益な教示と示唆に富む好著である。もっとも，上記論考は別として同書は題名通りの内容のもので，「おばさん的思考」をも代弁するものではない。念のため。これは私見とほとんど同じである。そういえば，私の船上講演に対してもおじさん，おばさんには受けるというコメントがあった。（ちなみに内田氏は，現在論壇で最も華々しく活躍している一人であるが，私は氏が論壇に初登場のころからのファンである。）

　ところで氏は，残念ながら裁判員裁判について全く不勉強なまま無責任極まる批判的言辞を弄しており，私はこのことを拙著『検証・司法制度改革 II　裁判員裁判・関連して死刑存廃論を中心に』（2016，中央大学出版部）においてかなり手厳しく批判した（265 頁以下）。その事実もここに記しておこう。

Ⅲ．常識的バランス論，損得論からみた9条の改廃

　これから申し上げることは，一市民としての私の常識的見解に過ぎませんが，多少でもご参考になれば幸いです。

　マックス・ヴェーバーは政治家にとって重要な素質の一つとして「バランス感覚」（英語では sense of proportion）を挙げました[1]。ちなみに他の二つは「情熱」と「責任感」です。私はわが国の政治家には「情熱」はあっても責任感とバランス感覚の乏しい人が多いと思っていますが，ここではとりわけバランス感覚を問題にしたいのです。そして憲法9条の改廃は優れて高度に政治的な判断を要求する問題ですから，国民投票に参加する全ての国民にもこのバランス感覚が求められるといわなければなりません。ヴェーバーの言葉を借用すれば，1票を投ずるとき私たちはみな「臨時の政治家」なのです[2]。少々えげつない言葉を使うと，9条の改廃問題を感情に走らずに損得論の見地から冷静に計算し判断することが大切です。

　憲法9条はこれまでオリンピックを何十回も誘致したくらい，いやそれ以上の経済効果を日本にもたらしてきました。敗戦後の焦土の中から日本が奇跡的に復興し，今日の経済大国の地位を確立するにいたったのは，日本人の優秀さと勤勉さがその大きな原因であることは勿論ですが，同時に9条のお蔭で戦争をしないですんだことにあります。朝鮮半島を南北に分断する悲劇を生んだ朝鮮戦争は日本経済の復興にとって干天の慈雨ともいうべきものでした。ヴェトナム戦争でも日本は参戦しないで，経済的に大きな利益を得ました。それに湾岸戦争やイラク戦争でも一人の自衛

隊員の生命も失われておりません[3]。

　私たち日本の庶民がこの船で世界一周の船旅ができるというのもまさに9条のお蔭だといえます。こんなことは多くの国々の庶民にとっては夢のような話です。この船の乗組員の国籍は実に様々です。ご承知の通りみんな優秀で勤勉な人たちです。でも，彼（女）らの経済的条件は程度の差はあるにせよ，日本人のそれよりもはるかに劣悪です。それは彼（女）らの生まれ育ち，住んでいる国が平和憲法を有する経済大国日本でないからに過ぎません。思えば9条の恩恵は計り知れないものがあります。この事実を否定する日本人はおそらく皆無でしょう。

　問題はこれからも果たしてそうなのか，これまでと違って今後はそんなにうまくはゆかないのではないかということです。そういう疑念が，かなり多くの人々に広がりつつあるように見受けられます。この問題について常識的バランス論，損得論の見地から考えてみたいと思います。

　私は，日本の防衛力，侵略に対する抑止力の三種の神器というべきものは次の三つだと考えています。
　①　日米安保条約
　②　自衛隊
　③　憲法9条（の改廃の可能性）
　順を追ってご説明します。
　①は基地問題で苦しんでおられる地域住民の方々にはまことに申し訳ないのですが，プラスとマイナスの両面を考えたとき，日米安保条約は日本にとってプラスといわざるを得ないと思います[4]。

それに日米安保条約3,5条には締約国は各自の憲法上の規定に従うことが規定されています。ここでも憲法9条は歯止めとしてしっかり機能しているのです。だからこそ、米国政府は陰に陽に日本政府に対して憲法改正を迫っているのでしょう。

（米国の対日感情が極度に悪化した場合、米国の側から日米安保条約を終了させる意思を通告してくることも想定の範囲内に入れておくべきです（同条約10条参照）。そのとき米国は、日本の安全保障にとって最大最強の脅威となる可能性があります。これは悪夢のようなシナリオですが。）

②についてはとくにご説明の必要はないと思います。

③については何を意味しているのか分かりにくいかも知れません。それはこういうことです。憲法9条によって「縛られた巨人」である「軍隊もどき」の自衛隊を有するわが国は、他国が理不尽な要求をしてくるならば、平和を愛好する日本国民もその総意として9条を改廃し、自衛隊を軍隊にせざるを得ないという重大な選択を迫られることになる、本当にそうなっても良いのか、と開き直れることです。政府がブラフ bluff（はったり、おどかし）としてそういう主張をすることは十分考えられることですし、場合によっては活用すべきでしょう。しかし私は寡聞にして過去の日本政府がこのブラフを外交交渉において適切に利用したという事例を知りません。ちなみにブラフという言葉は広辞苑にも載っていません。前に申し上げたナイーヴに対する日本的理解と通底する興味ある問題ではないでしょうか。

「伝家の宝刀」は抜かないからこそ価値があるのです。抜いてしまえばただの「人斬り包丁」かも知れません。このように9条は重要な交渉カードの役割を有しており、これをあっさりと捨て

てしまうことは防衛力の三種の神器の一つを失う自殺行為，利敵行為だというべきです。瘋癲の寅さんのせりふに「それをいっちゃあおしめーよ」というのがありますが，これをもじっていえば9条の改廃は「それをやっちゃあおしめーよ」なのです。やるとすれば最後の最後の手段としてであるべきです。現在の状況がそれを正当化するほどシリアスなものとは到底考えられません。

さて，9条を改廃したらどんな結果が生ずるか，ひとつ思考実験めいたことをしてみましょう。以下，順不同に列挙します。

① 徴兵制について

かつて木村篤太郎保安庁（防衛庁，防衛省の前身）長官は，自衛隊の人員が志願制でまかなえるのは22−23万人が限度で，それ以上になると徴兵制が必要になると言明しました（1954年5月20日の参議院内閣委員会における答弁）[5]。数年前の統計によると自衛隊の人員の総計は約23万7000人ですから[6]，9条を改廃して軍備拡大路線が採用されれば当然徴兵制の問題も現実化するでしょう。ところが政府は憲法18条および13条の規定にかんがみ徴兵制は違憲という態度を明らかにしています（鈴木善幸内閣における1980年8月15日の閣議決定）[7]。そこで，憲法18条の改正なども必要になります。

もし国民投票の結果が9条の改廃には賛成だが徴兵制を可能にする憲法改正には反対だということになったら収拾のつかない混乱が生ずることが予想されます[8]。軍隊への志願者も自衛隊当時と異なり，身の危険の切迫を考えて減少するかも知れません[9]。そうなると，最悪のシナリオとしては外国の傭兵の利用ということも視野に入れざるを得なくなるでしょう。改廃論者はこういう

恐るべき事態まで想定して議論を立てているのでしょうか。改廃論者の多くは，外国の傭兵で祖国を守るなど口にするのも恥ずべき政策だと考えるのではありませんか。

日本人は自己犠牲の精神，愛国心に富むので，徴兵制も実現できるとしましょう。この場合にも問題は少なくありません。ここでは1点だけ指摘しておきます。

男女平等ですから，当然女性に対しても徴兵制が適用されるはずですが，女性兵士の出産，育児に対する悪影響の深刻化が懸念されます（「暴力の世代間伝達」など）[10]。米国ではヴェトナム帰還兵のPTSD（心的外傷後ストレス障害）が深刻な問題でした。女性兵士の軍隊での服務，戦争体験が母親として次世代に与える悪影響については想像を絶するものがあるのではないでしょうか。

② 国民の税負担の増加

数年前の統計によると，日本の防衛費の対GNP（国民総生産）比は1.5%，国民一人当たり年間3万8000円，四人家族では15万2000円です。ちなみに北朝鮮では32.1%です[11]。戦前の日本もものすごく，平時，全予算のおよそ半分が軍事部門に投入されていたといわれます[12]。消費税の10%までの引き上げがささやかれていますが，これは9条の改廃を前提としないものです。自衛隊が軍隊化した場合国民の税負担が増加するであろうことは，③の事情と考え合わせるとほぼ自明の理というべきです。

③ 諸外国とくに近隣諸国の不信感，警戒感の増幅——軍拡競争の激化

9条の改廃は諸外国とくにアジアの近隣諸国の不信感，警戒感を増幅し，軍拡競争の激化を招くでしょう[13]。それに引きずら

れて日本の軍備もさらに拡張せざるを得ず,果てしないイタチごっこの泥沼にはまってゆく危険があります。先述した日本の戦前の軍事費は全予算の約半分という途方もない数字だったことを絶対に忘れないでください。

④ 輸出入への悪影響,結果としての経済の沈滞

資源小国の日本は年間8億トンの資源を輸入し,1億トンの製品を輸出しているといわれます[14]。9条の改廃は諸外国との緊張・摩擦を生み,輸出入に悪影響を及ぼすおそれがありえます。とくに有事の場合には例えば食料自給率40%の日本はどうやって輸送のシーレーンを確保できるのでしょうか。輸送の95.5%までは海上輸送だというのに[15]。このような輸出入への悪影響は,②および③とあいまって,一部の軍需産業の好況はあるにせよ,全体としての日本経済の沈滞を惹起するでしょう。

日本は米国のように資源豊かな国と異なり,四方八方の諸外国とできる限り友好関係を維持しなければ生きてゆけない国であることを銘記しなければなりません。これは日本の置かれた止むを得ざる地政学的,経済的条件です。国家としての誇りは堅持すべきですが,諸外国との無用の摩擦を避け,薄氷を踏む思いで細心の配慮をもって対外関係の処理にあたるべきです。それが国民を保護する責務を有する政府のあり方のはずです。

⑤ 他国の軍隊の「弾除け」に使われる危険

ちょっと遠慮して「他国」と表現しましたけれど,具体的には米国を念頭に置いています。日米安保条約が日本の防衛力にプラスになっていることは上述しましたが,結局は米国もその国益に合致する限りにおいて日本を護ってくれるだけです。日本のほ

うもその国益に合致する限りにおいて米国に協力すれば足りるとクールに割り切るべきです。場合によっては「面従腹背」も必要でしょう。せっかく日米安保条約には憲法9条の歯止めが利いているのに，それを自ら廃棄してしまうのは現在の自衛隊が米軍の「弾除け」に使われる危険を意味し，愚策の最たるものです[16]。

このようにみてくると，9条の改廃は「パンドラの箱」を開けるようなもので，私たちが現在享受している豊かな生活を崩壊させてしまう実に多くの災いを招来する愚挙だといわざるを得ません。それなのに，どうして日本国民のほぼ半数に達する人々が憲法9条の改廃に執着するのでしょうか。その主な理由と思われる「ふつうの国」論と領土問題について項を改めて考えてみましょう。

注
1) マックス・ヴェーバー，脇圭平訳『職業としての政治』(1980, 岩波文庫) 77 頁。
   訳書では「バランス感覚」を「判断力」としている。以下本文の記述は森嶋通夫『政治家の条件』(1991, 岩波新書) を参考にした (14, 130, 139 頁等)。「バランス感覚」という表現も同書のものである。
2) ヴェーバー，脇訳・前掲『職業としての政治』19 頁。
3) 一種の改憲論者である呉智英氏もいう。「戦後六十余年間，日本では戦死者が一人も出ていない。戦争という厖大な浪費がなかったために，世界有数の経済大国にもなった。その柱は憲法第九条である。」と (同「九条を護るための改憲論」別冊『正論』Extra.06 (2007) 190 頁)。氏はまた「狡猾な平和は愚直な戦争よりましである。」という (191 頁)。
   なお，戦後日本が朝鮮戦争の3年間で生き返った様子は，半藤・前掲『昭和史　戦後篇』297-300 頁に活写されている。

4) 江畑謙介『日本の軍事システム』(2001,講談社現代新書) 19-21頁参照。
5) 大江志乃夫『徴兵制』(1981,岩波新書) 2頁による。
6) 江畑・前掲『日本の軍事システム』14頁による。
7) 大江・前掲『徴兵制』(岩波新書) 4頁による。
8) この難問を回避するため,国民投票を複数の論点について一括して行うことが考えられるが,これが邪道であることについては長谷部・前掲『憲法とは何か』164頁参照。
9) 林信吾『反戦軍事学』(2006,朝日新書) は,憲法改正の結果として誕生した「日本国国防軍」に関するシミュレーションにおいて,いわば「強いられた志願制」の実態を描いている (8-20頁)。あるいはこのほうが現実的可能性が高いかも知れない。とりわけ「軍隊って何？」と題するこの箇所は若者にとって必読である。
10) 例えば,宮本信也「子どもの暴力性(破壊性)と家族」古橋エツ子編『家族の変容と暴力の国際比較』(2007,明石書店) 132-133頁参照。
11) 江畑・前掲『日本の軍事システム』4,13頁による。
12) 立花隆「私の護憲論」月刊『現代』2007年7月号42頁による。
13) この点についてとくに考慮しなければならないのは,安倍首相が岸信介(以下,故人については敬称を略する)の孫だという事実である。岸は晩年のインタビューにおいて,「アジアの中心は日本であることを浮き彫りにさせる」,自身における「戦前」と「戦後」とは「おそらく断絶はない」し,「一貫している」などと述べている (原彬久『岸信介』(1995,岩波新書) 190頁)。祖父を尊敬するという安倍氏が祖父と同意見かどうか知らないけれど,このインタビュー記事を読んだ近隣諸国の政府(その中には勿論日本語に堪能な人がいるはずだ)が,安倍内閣における9条改廃の動きに神経過敏になるのは当然至極である。なお岸は,「国防国家」実現のためには「国民生活がある程度不自由になってもやむを得ない」と語っている (同書82

頁)。②ないし④に関連する為政者の本音として記憶しておくべきであろう。
14) 高坂節三氏(経済同友会)の発言(今井一『憲法九条「国民投票」』(2003,集英社新書)193頁による。
15) 江畑・前掲『日本の軍事システム』21頁による。
16) 精神科医の和田秀樹氏は,日米関係を宗主国と植民地の関係になぞらえ,「宗主国が植民地に課したもうひとつが兵役である。〔他の一つは宗主国の言語の強制――引用者注〕(中略)かりに九条の改正が他国の国益に一方的に奉仕するような形になるようならば,これまさに植民地化といってよいであろう。現状の日米関係を見るとき,私はその危惧を拭えない。日本の『自衛』が第一という観点からは,九条改正は百害あって一利なしと著者は考える。」という(同「何のための,誰のための改正であるべきか」前掲・別冊『正論』96頁)。船旅中に刊行された同書は「日本国憲法の"正体"」というおどろおどろしい題名であるが,本論考や注3)の呉氏のエッセイのような示唆に富む文章も収められている。なお,林・前掲『反戦軍事学』21頁も弾除け説を述べる。結局,身も蓋もない言い方をすれば,「集団的自衛権などというのは,所詮従属関係の別の表現」(的場・前掲「日本という国の愛し方」180頁)ということになろうか。

Ⅳ. 日本の選択――「ふつうの国」論そして領土問題

(1) 「ふつうの国」論について

憲法9条を有する日本はふつうの国ではない,9条を改廃してふつうの国にすべきだとよくいわれます。ふつうの国とは一体どんな国なのでしょうか。個人をみれば実に人様々です。何を基準に「ふつうの人」を決めるのでしょうか。国のあり方も同様に様々です。私は現在の日本はある意味で――それも良い意味で

——すでにふつうの国だと思っています。日本は自他共に認める経済大国です。憲法9条により軍隊が持てず「軍隊もどき」の自衛隊しかありませんから,軍事小国といってよいでしょう。経済大国と軍事小国を足して2で割れば「中国＝中くらいの国」になります。中くらいの国ということはすなわちふつうの国ということではありませんか。日本が自衛隊を軍隊にしてしまえば経済大国兼軍事大国になりかねません。これはあまりにも高望みでおそらく世界中で米国にのみ許される特権ではないでしょうか。諺にも「出る杭（釘）は打たれる」といいます。経済大国兼軍事小国として謙虚に振る舞ったほうが日本の安全と日本人の幸福にとってはるかにベターだと私は確信しています。

イザヤ・ベンダサンあるいは山本七平は,「各人が静かに自問されればよい。一体日本に何があるので,世界は日本に注目し,日本を大国として扱い,日本の動向に注意を払い,日本に学ぼうとするかを。言うまでもなくそれは日本の経済的発展であり,それ以外には何もないのである——この言葉を,たとえ日本人がいかに嫌悪しようと。」[1] と指摘しています。

全くそのとおりだと思います。この船の乗組員たちとの会話からもこのことを痛感します。日本の選択は経済大国として生きることで,中途半端な軍事国家になることではないことを肝に銘じましょう。

(2) 領土問題について

憲法9条が邪魔をして自衛隊の行動が制限されているから,領土問題で舐められるのだ,9条を改廃して自衛隊を軍隊にせよという一見勇ましい議論も有力です。

しかし，よく考えてみてください。9条を改廃して自衛隊を軍隊にしたところで，極端なことをいえば核兵器を保有したところで，竹島（韓国名独島トクト）や尖閣諸島の問題が自動的に解決するわけではありません[2), 3)]。

領土問題の解決には三つの方式，すなわち当事国間の協議，国際司法裁判所への提訴または第三国の仲裁，武力の行使がありますが，最後のものは選択肢として事実上採用できません。竹島は僅か0.23平方キロメートル，尖閣諸島も5.45平方キロメートルで，いずれも無人島です。（ちなみに，北方領土はほぼ千葉県の面積に相当します。）周辺に豊かな海洋・地下資源があるとはいえ，領有権をめぐって戦争するわけにはゆきません。領土問題は一国の主権に関わりますから，寸土といえども簡単に譲歩すべきでないのは当然ですが，気長に根気強く交渉を重ねるほかありません[4), 5)]。この交渉という面で日本政府は実に未熟，幼稚に過ぎると外交面にど素人の私さえ思わざるを得ません[6)]。

注
1) イザヤ・ベンダサン，山本七平訳『にっぽんの商人』（1975，文藝春秋）206頁。山本について評価が分かれていることは承知しているが，正しいことは何人の口から発せられようと正しいことに変わりない。引用文に関する限りはまさに至言だと考える。
2) もっとも佐藤優氏は，尖閣諸島は日本が実効支配しているので日中間に領土問題は存在しないと主張する（同『地球を斬る』（2007，角川学芸出版）46-49頁）。
3) 核兵器を保有しようとするならば，日本は核拡散防止条約（NPT）から脱退しなければならない。これは事実上不可能であり，そこま

での決心をしている政治家はおそらく絶無であろう。
4)　司馬遷の『史記』に，匈奴の冒頓単于に関する興味深い話が載っているので紹介しておく。東方の東湖国の王が一日に千里を走る駿馬を所望してきたので，側近たちにはかったところみな反対した。しかし彼は，一頭の馬を惜しんで隣国との関係が悪化するのを憂い，要求に応じた。続いて王妃の一人を所望してきたが，やはり反対する側近たちの意見を用いず，要求に応じた。ますます増長した東湖王は国境地帯の荒地を要求してきた。今度は側近たちは荒地など無用だからくれてやってもよいだろうと述べた。これを聞いた冒頓は激怒し，「土地は国の根本だからやれぬ」としてこの側近たちを斬殺し，直ちに東湖国を襲撃して征服した，というのである。大石智良＝丹羽隼兵訳，可馬遷『史記　5　権力の構造』（2006，徳間文庫）336-341頁。中国の為政者は勿論この話をよく承知しているのであろう。領土問題の解決は気の遠くなるような長い歴史的パースペクティヴにおいて考えなければなるまい。
5)　現在の地球は南極大陸を除いて1平方メートルにいたるまで主権国家によって領有されている（領有権に争いのあるものを含む）。しかもインテグレーション（統合化）とフラグメンタリゼーション（断片化）とが同時進行しており，領土問題は新たな様相を呈しつつある。領土問題については「焦らず，諦めず」という態度が肝要であろう。安全保障問題研究会編著『変わる日ロ関係——ロシア人からの88の質問』（1999，文春新書）99頁参照。なお，領土問題を根本的に考えるうえで，長谷部・前掲『憲法とは何か』の「終章　国境はなぜあるのか」は，やや難解だが有益である。一読をお勧めしたい。
6)　半藤・前掲『昭和史　戦後篇』484-485頁参照。

V. 結び──軍隊から「軍隊もどき」へ向かって

　憲法9条は平和憲法の最先端をゆくものでしたが，めまぐるしく変化する国際状況の中で後退に次ぐ後退を余儀なくされながら，それでも事実上の軍隊を法的に「軍隊もどき」として拘束するという機能を果たしています。このことは世界の軍隊のあり方の将来像を考えるとき，極めて示唆的ではないでしょうか。つまり憲法9条とは逆方向の平和憲法の可能性です。それはこういうことです。現在の各国の軍隊を自衛隊のように「軍隊もどき」にする，正当防衛，緊急避難の場合以外は人に危害を与えてはならない存在に変えるということです。こういう方向に各国の憲法や軍事に関する法律が改正されてゆけば（これこそ文字通りの「改正」です），世界は平和への理想に大きな一歩を進めたことになります。このように考えると，止むを得ざる後退を経験したにせよ憲法9条はやはり世界平和に素晴らしい寄与をしつつあると評価されてよいでしょう。

　まあ，ざっと以上のようなことをこの船の中で考えました。私が自衛隊と憲法9条について人様の前でお話しするのは，おそらくこの船上講演が最初で最後になるでしょう。つたない話を終わりまでご清聴賜り有り難うございました[1]。

注
1) 講演の際に出た質問のうち二つについて注記として言及しておこう。一つは押しつけ憲法論についてどう考えるべきか，もう一つは憲法学者の通説は9条（とくに1項）の改正は憲法改正の限界を越

えるということだが、なぜ、憲法学者はそのことを国民に周知させるよう努力しないのか、というものである。後者は私が憲法の基礎知識を説明する最初の講演で、憲法改正の限界について述べたことに関わる。

前者について。

押しつけ憲法論は現在では改憲論者もあまり主張しないようだが、私は基本的に甘ったれた考えだと思う。日本はポツダム宣言を受諾して無条件降伏をし、現憲法の制定は占領下になされ、日本が完全に主権を回復したのは平和条約が発効した昭和27年（1952年）4月28日である（同条約1条）。現憲法の制定手続は大日本帝国憲法73条の規定に則ってなされたが、事実として占領軍が日本に押しつけた憲法という面があることは否定できないし、それは当然のことである。日本が現憲法の内容を違法・不当と考えるならば主権回復後いつでもそれを改正できたはずである。そうしなかったのは現憲法が日本にとって好ましいものだったからだろう。物事は成立の経緯よりも現在の状態のほうが大切である。諺にも「終わり良ければすべて良し」というではないか。親に強いられて意に染まぬ相手と結婚したが、次第に相手の素晴らしさに気付き、仲むつまじく添い遂げた夫婦は少なくない。他方、熱烈な恋愛結婚をしたのに短期間で破局を迎えるケースも多い。（「上意討ち」として映画化、舞台化された滝口康彦原作の「拝領妻始末」は、主君から懐胎している側室を妻として押しつけられた侍とその父親が類まれな美質を持つ妻女を深く愛して、後に継嗣問題の都合から彼女の召し上げを図る主命に抗したあげく、ついに悲劇的な最期を遂げるというストーリーである。）現憲法が多くの国民に愛されているのであれば、その成立の経緯をあげつらって難ずる必要はあるまい。憲法学説は「主権回復の後、依然そのまま通用し続けることによって、〔憲法〕制定権者たる国民の黙示の承認を得、今や完全に有効な憲法になったとみることができる」（手島孝『憲法解釈二十講』（1980、有斐閣）26頁）、

などと説明している。法哲学者による日本国憲法の正当性に関する優れた論考として、長尾龍一『日本憲法思想史』(1996,講談社学術文庫) 260頁以下も参照。なお、憲法改正の経緯に関する最近の分かりやすい論考として、立花・前掲「私の護憲論」がある。

押しつけ憲法論に関連して指摘しておきたいのは、憲法の制定には実に300万人もの血が流されている事実から目を背けてはいけないということである。多くの場合憲法の制定には血が流れる。独立戦争や内戦の結果として憲法が制定される場合を考えよ。現憲法は手続的に旧憲法73条により、また事実上押しつけ憲法とみられる面があるにせよ、その実質は実に300万人といわれる15年戦争の犠牲者の尊い血で購った憲法なのである。単純計算をしていえば1条ごとに3万人近い人の血で現憲法の条文は書かれているのだ。憲法改正の論議に関わる者はこの厳粛な事実を銘記し、自らも血を流す思いで真剣な議論をすべきである。(このことは最初の講演で強調した。)

実は憲法9条の発案者は幣原喜重郎元首相であるとする資料群を、日米独の市民ら169人が国連教育科学文化機関(ユネスコ)の世界記憶遺産に共同申請したことが報じられている(東京新聞2016年6月12日(日)28面)。共同申請は同年5月に行われ、6月初めまでに受理され、翌2017年には登録の可否が決まる予定で、ある文書において幣原は、彼が憲法に戦力不保持を盛り込むようマッカーサーに提案したことを明らかにし、「当時の実情として押し付けられたという形でなかったら実際にできることではなかった」ため、マッカーサーに命令を出してもらうよう持ちかけた経緯を語っている、とのこと。上記の通りとすれば、押しつけ憲法論はその根拠が失われてしまうわけである。あるいは多くの日本国民は憲法9条の発案が自国の側からなされたことを無意識的に感知しており押しつけ憲法論に与しなかったのかも知れない。

なお、上記の幣原発言の内容については、最近刊行された鉄筆編『日

本国憲法　9条に込められた魂』(2016, 鉄筆文庫)の「付録5　幣原先生から聴取した戦争放棄条項等の生まれた事情について」に全文が収録されている。その著者の平野一郎氏は内田樹氏の岳父という（同書帯の推薦文）。インタビューそのものである第1部のみならず第2部も含めて実に感動的な素晴らしい文章である。全日本人必読の書といえよう。（その後, 堀尾輝久東大名誉教授によって, 憲法調査会の高柳賢三会長の質問に対するマッカーサーの回答書簡が発見されたことが報じられている。この書簡は幣原発言の内容を裏付けるものである。――東京新聞 2016 年 8 月 12 日（金）朝刊 1, 3 面）なお, 塩田潮『日本国憲法を作った男　幣原喜重郎』(2017, 朝日文庫) も参照。ちなみに, 東京新聞 2017 年 1 月 6 日（金）夕刊 7 面の「大波小波（乾坤）」氏は, 現天皇も 80 歳の誕生日に先立つ記者会見で,「『アメリカによる押しつけ憲法』論を退けている。」と指摘する。

　ところで, 柄谷行人『憲法の無意識』(2016, 岩波新書) は, 後期フロイトの「超自我」という概念を基本的論拠に据えて, 9条の奇跡を原理的に追究したうえ, 日本は 9 条を文字通り実行すべきだという（中島岳志「論壇時評」東京新聞 2016 年 6 月 28 日（火）5 面を参考にした超要約）。しかし, 9 条が幣原元首相の発案・主導によるものだとすれば, 柄谷氏の議論はその前提を欠き, その点ですでに失当ということになろう（氏も, 上記の幣原発案に言及している）。中島氏は,「柄谷の議論は魅力的であるが故に危うい。新たな全体主義を生み出してしまう可能性を内包している。」と評する。私は頭が固いのかも知れないが, 柄谷氏の議論が魅力的だとは全然思わない（同紙同月 29 日（水）5 面の「大波小波（龍）」氏も柄谷説にすこぶる批判的）。ここはこれ以上の論議をすべき場ではないので, 賛否の結論のみ明示しておく。

　後者について。

　私は憲法学界の事情に通じていないので, 的確にお答えすることができない。一般論をいえば, 法学者を含めて文系の学者にはほぼ

三つのタイプがある。第一は研究中心型，第二は市民運動や啓蒙活動に重点を置く型，第三は両者のバランスをとる型である。第二の型は社会的知名度は高いかも知れないが，学界ではあまり評価されない。望ましいのは第三のバランス型なのだろうが，これはよほど能力がある人でないとなかなか難しい。私などは強いていえば第一の型かと思うが，それに値するような研究業績は出していない。
——というようなピンボケの回答をしたのだが，当然ながら質問者に納得されたような表情は全然窺えなかった。

後　記

Ⅰの注1) に記したように，本稿はピースボート船上における講演を文章化したものである。私は一乗客に過ぎないが，冒頭に述べたような事情でやむなく3回にわたる講演をする羽目に陥った。本稿は最後の講演を中心にしてまとめた。私の独断と偏見ともいうべき話が果たしてどこまで聴衆にご理解いただけるか不安だったが，予想外に好評だったようで，自衛隊と憲法9条との関係が分かりすっきりしたとか，9条改廃説から9条維持説に転向したという人が結構いたと聞く（私自身に直接そう語ってくれた人も一，二にとどまらない）。私としては望外の喜びであって，講演内容を広く紹介したいという方もおられたので，正確を期するため自分の手で文章化することにした次第である。帰国後に，関連する若干の参考文献を読んでみたけれど，講演内容を変更する必要は認めなかった。（とはいうものの，ここ一週間ほど集中的に俄か勉強をした結果，このテーマについて自分がいかに浅学であるかに気付かされ，冷や汗が出る思いがしたことを告白する。なんとかあまり的外れのことをいわないで済んだ（と思う）のは僥倖かも知れない。）

(2007・6・17 一応脱稿)

跋

　『検証 Ⅰ，Ⅱ』に引き続き司法制度改革に関する3番目の著作となる本書を漸く脱稿できた。顧みれば心身共に老いに苛まれて悪戦苦闘の末の産物で，内容的にはすこぶる貧困なものにせよ，予定していた私なりの司法制度改革三部作の仕事が一応完了するわけである。

　本書はおそらく，いや疑いもなく私の遺著になるだろう。しかし，これで裁判法研究者としての仕事に終止符を打ちたくはない。司法制度改革の前途は楽観的予測を許さない。法科大学院教育に関する限りは覆水が盆に返りかねない有様である。事態は老兵が戦場から消え去ることを許さないのだ。だから，今後とも一所懸命勉強して書き続けることをわが人生の最後の日まで続けたいと思う。先哲も「老いて学べば即ち死して朽ちず」と教えている（佐藤一斎『言志晩録』）。

　ところで，すでに前著『検証 Ⅱ』の「はしがき」において論文もどきの公表に対する弁明の辞を連ねておりながら，性懲りもなく本書を上梓することに怪訝の念を覚えられる読者は少なくないだろう。この点については「はしがき」に加えて，90歳を優に過ぎた今も旺盛な知的活動を営む外山滋比古氏の「フィナーレの思想」（同著・栗原裕編『ものの見方　思考の実技』（2010，PHP研究所））に勇気付けられたことを記しておく——もっとも，あるいは誤読している面があるかも知れないが。

　この辺で，筆を擱こうかと思っていたところに，日本尊厳死協

会の機関誌 Living Will 165 号（2017 年 4 月）が届き，その中のジャーナリスト辰濃哲郎氏による「『介護難民』43 万人がさ迷う『2025 年問題』を危ぶむ」という文章に注目させられた。氏がそこで 87 歳の父上のことを語っていたからである。父上は定年まで新聞記者，現在では脳梗塞の後遺症というパーキンソン症状に苦しみ，ヨチヨチ歩きでよく転倒し，方向感覚もあまり無いらしい。しかし今なお強烈な政治的，社会的関心を有し，最近は沖縄で 20 歳の女性が米軍の元軍属に殺害された事件に心を痛め，昨年 3 度にわたって沖縄に赴いて取材をし，元知事の大田昌秀氏から話を聞くなどしたとのこと。（同号 13 頁）

　こういう情熱と行動力に溢れる人の話を読むと，半呆けを理由に本書のごとき雑文集しか書か（け）ぬ自分が恥ずかしくなる。実は拙稿の一部を読んでくれた旧友から，「あまりにも繰り返しが多すぎる。半呆けは謙遜かと思っていたが，どうも本当で本呆けに向かって一路進行しつつあるのではないか」という辛辣な批評を受けた。全く弁解の余地も無い。が，当人にとっては日々単調な繰り返しのようで，必ずしもそうではない。「今日も生きているのか，生かされているのか」としみじみ思われ，「ちょっとの違い」が「大きな違い」なのだ。残念ながら，これを他者に伝える文才に欠けている。人様の目に無用な繰り返しと映ずるのは当然至極。「蟹は甲羅に似せて穴を掘る。」ともかく私には所詮この程度のことしかできないのである。開き直り的弁明を書き添えて結びとする。

　　　　　　　　（4 月 9 日，55 歳で早世した父の命日に記す。）

補 記

　跋の結びの言葉を書いた後に，どうしても書き加えておきたい重要な論考に接したので，不体裁を顧みず以下の補記を加える次第である。その論考とは鷲田清一「『真実』の後先　『建前』が通らない時代」（東京新聞 2017 年 4 月 28 日（金）夕刊 7 面）。哲学者（京都市立芸術大学長）の氏は，おおむね以下のように論ずる。

　"力"と"正義"の両立は至難であるが，その両立を建前とすることがどうしても必要だ。「『建前』とは，家屋の建築で棟や梁(はり)などを組み立てること。社会に当てはめれば理念である。これが理念であるのは，幾何学における点や線が理念であるのとおなじである。〔それは〕……現実にはどこにも存在しない虚構である。幾何学はそういう虚構を基盤としてしか成り立たない。／おなじように安定した社会は，『平等』『自由』『正義』といった理念の上にしか成り立たない。／ではその理念や道理が拠(よ)って立つ基盤とは何か。……『これを崩したら社会はもたない』という危機意識に裏打ちされていなければ『建前』はもたない。」まさに至言である。凡愚は凡愚なりに正義の理念の実現に献身することに努めてきたつもりであり，わが生涯の最後の日までその営みを続けたいと念願している。

（4 月 29 日記す。）

更なる補記

　第 2 の 90 頁以下の補記は，上記跋の補記後に書いたものである。本書に先立って上梓される『北欧法律事情　中年元裁判官のスウェーデン等留学記』（中央大学出版部）の校正作業に追われて，

つい書き下ろしの最終部分である**第2**の仕上げが遅れてしまった（その補記の冒頭で「他の仕事」というのはこの校正作業を指す）。そのため4月以降に接した文献等についても言及している。跋がこんな変則的なものになってしまったのは誠に申し訳なくひたすらご海容を乞うほかない。こんな半呆け老人の著作でも司法制度改革のために「バタフライ効果」を有するかも知れないという淡い期待を抱きつつ，これで本当に擱筆する。

(2017年9月初旬記す。)

『スウェーデン法律用語辞典』(2007, 中央大学出版部) 等の訂正について

　同辞典における 26 頁 billighet の項の faieness を fairness に，『検証 II』303 頁の「正」の項の inckusion を inclusion に改める。いずれも横井忠夫氏のご教示によるものである。謹んでお詫びして訂正するとともに，横井氏に謝意を表する次第である。

著者紹介

萩原 金美（はぎわら・かねよし）

1931年群馬県高崎市生まれ。1951年司法試験合格，1953年中央大学法学部卒業。九州大学法学博士，スウェーデン・ルンド大学名誉法学博士。裁判官生活15年の後，1969年からスウェーデン等に留学。1972年帰国して弁護士登録（第二東京弁護士会）。1976年神奈川大学法学部教授，民事訴訟法・裁判法担当。2001年定年，2004年まで特任教授。同年神奈川大学名誉教授。
著作：『スウェーデンの司法』（1986，弘文堂），『民事司法・訴訟の現在課題』（2000，判例タイムズ社），『訴訟における主張・証明の法理』（2002，信山社），『裁判法の考え方』（1994，信山社），『続・裁判法の考え方』（2000，判例タイムズ社），『法の支配と司法制度改革』（2002，商事法務），（翻訳）ハンス・ラーグネマルム『スウェーデン行政手続・訴訟法概説』（1995，信山社），編著『スウェーデン法律用語辞典』（2007，中央大学出版部），『［翻訳］スウェーデン訴訟手続法―民事訴訟法・刑事訴訟法―』（2009，中央大学出版部），『［翻訳］スウェーデン手続諸法集成』（2011，中央大学出版部），『検証・司法制度改革 Ⅰ 法科大学院・法曹養成制度を中心に』（2013，中央大学出版部），『検証・司法制度改革 Ⅱ 裁判員裁判・関連して死刑存廃論を中心に』（2016，中央大学出版部）その他。

『検証・司法制度改革 Ⅰ、Ⅱ』その後
　　自分史的記述を兼ねて

2018年4月27日　初版第1刷発行

著　者　　萩　原　金　美
発行者　　間　島　進　吾

郵便番号 192-0393
東京都八王子市東中野 742-1
発行所　中 央 大 学 出 版 部
電話 042(674)2351　FAX 042(674)2354
http://www2.chuo-u.ac.jp/up/

© 2018　Kaneyoshi Hagiwara　　印刷・製本　惠友印刷㈱
ISBN 978-4-8057-0736-4